教育部人文社会科学研究规划基金项目
“移动互联网环境下党报话语主导权研究”（批准号 17YJA860012）

# 移动互联网环境下纸媒话语主导权研究

刘赞 著

河北大学出版社
·保定·

# 移动互联网环境下纸媒话语主导权研究

YIDONG HULIANWANG HUANJING XIA ZHIMEI HUAYU ZHUDAOQUAN YANJIU

出 版 人：朱文富
责任编辑：马　敏
装帧设计：杨艳霞
责任校对：苏安邦
责任印制：常　凯

**图书在版编目（CIP）数据**

移动互联网环境下纸媒话语主导权研究 / 刘赞著
. -- 保定 ：河北大学出版社，2023.10
ISBN 978-7-5666-2162-7

Ⅰ. ①移… Ⅱ. ①刘… Ⅲ. ①报纸－传播媒介－新闻工作－舆论－研究－中国 Ⅳ. ① G219.2

中国国家版本馆 CIP 数据核字 (2023) 第 176379 号

出版发行：河北大学出版社
地址：河北省保定市七一东路 2666 号　邮编：071000
电话：0312-5073019　0312-5073029
邮箱：hbdxcbs818@163.com　网址：www.hbdxcbs.com
经　　销：全国新华书店
印　　刷：涿州市般润文化传播有限公司
幅面尺寸：170 mm × 240 mm
印　　张：8.5
字　　数：142 千字
版　　次：2023 年 10 月第 1 版
印　　次：2023 年 10 月第 1 次印刷
书　　号：ISBN 978-7-5666-2162-7
定　　价：38.00 元

# 目　录

# 引　　言

移动互联网技术的发展不断取得新突破、创造出新场景为公众的生产生活提供了各种便利条件，为社会发展提供了新的空间，创造出新的可能。对新闻传播领域而言，移动互联网的出现使信息的生产、发布、接收更为快捷，技术赋能使每一位个体都有可能成为信息的发布者，传统的“传—受”边界逐渐消失，信息的表现形式更加丰富、传播渠道更加多元、传播范围更加广泛。“全程媒体、全息媒体、全员媒体、全效媒体”的现实，创造出了海量信息，也推动着媒介生态与舆论环境发生深刻变化。

从当今中国的发展来看，一方面是我国的国际地位不断上升，但文化软实力还不能与之匹配，同各国之间的文化交流与冲突相伴而来；另一方面是国内的改革进入攻坚期和深水区，矛盾凸显期与黄金发展期叠加，对身处大变革时代的每个人都产生了冲击。这种情形导致社会思想多元、诉求多样，同时，新媒体平台的出现使“人人都有麦克风”成为现实，加剧了舆论场中的“喧哗”。

社会转型期复杂社会问题的出现、社会阶层的分化以及对外交流的频繁，使多元价值观和针对同一事件的多元舆论成为现实；移动互联网的发展，则使多元声音通过多种途径快速传播。这为公众提供了宣泄情绪的渠道，在一定意义上承担了社会矛盾“减压阀”的功能，也丰富了公众看待事物的角度，有助于公众之间的相互理解，增进社会的包容与进步。在众声喧哗中，总有一些杂音、噪声带来信息失真、意见失当和群体极化等非理性问题，网络舆论的压力与情绪煽动甚至会压缩公众理性思考的时间，影响正常的舆论表达。特别是在一些重大事件发生时，不同观点的冲突使舆论引导的难度加大，需要一个相对权威、理性的声音引领舆论。对于主流媒体来说，如何在纷繁复杂的舆论场中发声，在多方交流中形成共识，掌握话语主导权，是一个值得思考的重要问题。

从历史角度考察，纸媒，特别是纸媒中的党报一直被视为代表党和政府的权威媒体，作为各级各类媒体的“龙头”，在发挥话语主导权方面发挥着重要作用。但是，随着社会阶层的分化、思想的解放、媒介选择多样性的增加以及各类新媒体的不断冲击，近年来一些纸媒也面临着发行量下滑、市场影响力和号召力下降等困境。如何使纸媒适应新的媒体环境，在移动互联网环境下更好地引领舆论，更深入地参与社会治理，既关系到纸媒自身的发展，也关系到社会舆论的良性发展。

本书以移动互联网环境下的纸媒话语主导权问题为关注点，探讨在新的社会环境和新的传播格局下提升纸媒话语主导权的路径，提出纸媒构建适应移动互联网环境下新的传播体系和话语体系的建议，以使纸媒的新闻舆论工作更好地适应媒体格局与舆论生态的深刻变化。同时，从内容生产和渠道建设等方面探寻可行的路径，按照习总书记提出的“高举旗帜、引领导向，围绕中心、服务大局，团结人民、鼓舞士气，成风化人、凝心聚力，澄清谬误、明辨是非，联接中外、沟通世界”的要求，为纸媒提升话语权提供参考。

从近年来的新闻实践来看，面对新媒体技术带来的机遇与挑战，纸媒都在积极探寻新的发展路径，“两微一端”的开设、新媒体矩阵的打造、“中央厨房”的成立，无不显示出纸媒面对媒体市场变革、迎接舆论生态变化的努力。从早期的观望、犹豫到如今主动利用新媒体手段打造内容生产新样态，绝大部分纸媒已经由“报业集团”演变为“媒介集团”，通过多种传播渠道和传播手段的分层覆盖，实现了影响力和号召力的悄然提升。

2020 年 9 月，中共中央办公厅、国务院办公厅印发的《关于加快推进媒体深度融合发展的意见》指出：“推动主力军全面挺进主战场，以互联网思维优化资源配置，把更多优质内容、先进技术、专业人才、项目资金向互联网主阵地汇集、向移动端倾斜，让分散在网下的力量尽快进军网上、深入网上，做大做强网络平台，占领新兴传播阵地。”① 对于长期作为新闻舆论工作主力军的纸媒来说，这既是发挥党的执政资源属性的必然要求，也是在新的媒介环境中保持自身吸引力、提升竞争力的关键。从实践来看，很多纸媒也正在以此为发力点，在激烈的市场竞争中提升自身的影响力。

---

① 《中共中央办公厅 国务院办公厅印发〈关于加快推进媒体深度融合发展的意见〉》，中国政府网，http://www.gov.cn/zhengce/2020－09/26/content_5547310.htm，访问日期：2021 年 6 月 7 日。

# 第一章　纸媒话语主导权构建的现实环境

与新中国成立之初、改革开放之初、新世纪之初相比，中国社会的进步是显而易见的，国际环境、国内环境、媒介生态、社会心理、公众需求等都随之不断呈现出新的特点。构建话语主导权，就必须对纸媒生存的现实环境进行考量，从而明确纸媒所处的方位。

## 第一节　纸媒生存社会环境的巨变

中华人民共和国的成立，标志着中国共产党从“革命党”成为“执政党”；肇始于1978年的改革开放，使得中国社会生产力得以极大解放，人民的生活水平不断提高，综合国力和国际地位不断提升。这些重大变革使得纸媒生存的社会环境发生了巨大的变化，也对纸媒不断地提出新的要求。

### 一、就国际环境而言，全球治理体系和国际秩序变革加速推进，中国在世界经济发展和国际事务中的作用日益突出

新中国成立之初，在党和政府的努力下，我国与众多国家建立了外交关系，后又恢复了在联合国的合法席位。在美苏争霸、东西两大阵营“冷战”的国际格局中，新中国以独立自主的和平外交政策赢得了发展空间。苏联解体、东欧剧变之后，一些国家试图遏制中国的发展，但也以失败告终，中国成为世界上最大的社会主义国家。总体来看，这一时期中国面对的国际环境非常复杂，基本上是在不断抗争的过程中寻求国际社会的支持。

从自身的发展来看，在经济全球化进程中，中国构建了全方位对外开放新格局，用几十年时间走完了发达国家几百年走过的发展历程。从我国经济总量

在世界上的排名来看，2005 年超过法国，居第五；2006 年超过英国，居第四；2007 年超过德国，居第三；2009 年超过日本，居第二。此外，2010 年，我国制造业规模超过美国，居世界第一。[①] 目前，中国已成长为世界第二大经济体、制造业第一大国、货物贸易第一大国、商品消费第二大国、外资流入第二大国，外汇储备连续多年位居世界第一……中国人民把不可能变成了可能，也为世界提供了前所未有的机遇。[②] 2019 年，我国经济总量接近 100 万亿元人民币，人均 GDP 历史性地突破 1 万美元。

与不断增长的经济实力相适应，中国也承担起更多的大国责任，在世界政治、经济等舞台上发挥着更大的作用。2009 年，时任上海国际问题研究中心理事会主席、外交学院教授吴建民撰文指出："1949 年，中华人民共和国成立之后，我们开始走上了崛起之路。过去 60 年可能是中国从国际舞台边缘逐渐走向舞台中心的 60 年。从国际舆论的评述看，大概可以说，今天的中国已经站在国际舞台的中心。这种形势的出现，可能比我们自己原来的预期要快得多。"[③] 这直观地展现了新中国取得的巨大成就，世界各国对待中国的态度、对中国的要求也有所变化。

更重要的是，从国家发展历史角度看，大国的崛起往往伴随着对其他国家的侵略和掠夺，这自然会使国际社会对中国的发展产生疑惑和担心，对中国产生更多戒备和批评。在经济全球化的大背景下，这一现实对中国的进一步发展无疑是一个巨大的阻碍。对此，党和国家领导人在很多场合多次强调，中国的崛起是和平崛起，中国将致力于与世界各国合作共赢。

习近平总书记在十九大报告中指出："世界正处于大发展大变革大调整时期，和平与发展仍然是时代主题。世界多极化、经济全球化、社会信息化、文化多样化深入发展，全球治理体系和国际秩序变革加速推进，各国相互联系和依存日益加深，国际力量对比更趋平衡，和平发展大势不可逆转。同时，世界面临的不稳定性不确定性突出，世界经济增长动能不足，贫富分化日益严重，

---

① 任理轩：《在危机中育新机 于变局中开新局》，《人民日报》2020 年 10 月 12 日。

② 参见《人民日报》评论部《中国的发展是世界的机遇》，《人民日报》2019 年 9 月 20 日。

③ 吴建民：《2009 年国际形势回顾与思考：新国际格局的轮廓呈现》，中国网，http://www.china.com.cn/news/txt/2009－12/01/content_18986666.htm，访问日期：2020 年 3 月 8 日。

地区热点问题此起彼伏，恐怖主义、网络安全、重大传染性疾病、气候变化等非传统安全威胁持续蔓延，人类面临许多共同挑战。”① 为应对这些挑战，总书记强调：“中国秉持共商共建共享的全球治理观，倡导国际关系民主化，坚持国家不分大小、强弱、贫富一律平等，支持联合国发挥积极作用，支持扩大发展中国家在国际事务中的代表性和发言权。中国将继续发挥负责任大国作用，积极参与全球治理体系改革和建设，不断贡献中国智慧和力量。”②

面对百年未有之大变局，纸媒自然要配合这些重要精神，向国际社会讲好中国故事，解释发展理念，传播积极而负责任的大国形象。然而，从国际传播格局来看，西方媒体长期占据主导地位，在很大程度上控制着新闻的走向。近年来，我国媒体在对外传播方面取得了长足进展，驻外分社力量得到加强；纸媒借助网站推出多国语言版本；众多新媒体平台开始全球布局，也为我国媒体对外传播提供了新的渠道；等等。但从总体来看，东西方信息传播的鸿沟依然存在，跨文化传播的难度并未降低，我国媒体在海外非华人国家和地区中的传播范围和传播效果仍然有待加强。有研究者早在 2006 年就指出，要提高一国的软实力，大众传媒需要同时提高自身的传播力和影响力。所谓传播力，是指大众传媒将信息向外扩散的能力；所谓影响力，是指一个国家所传信息（内容）被人们接收并接受，进而改变或扭转其态度和行为，产生对传播主体国有利的舆论氛围的力量。③ 这一思考对于现今纸媒的对外传播仍有现实意义：在我们的“硬件”建设已经取得了一定成果，传播力不弱的情况下，如何提高对外传播技巧，切实增强媒体的影响力，要成为今后的主攻方向。特别是在跨文化传播的大背景下，要针对不同国家的文化传统和价值取向采取不同的叙事方式，“把握国际社会的兴趣点、中国与世界利益的交汇点、国际舆论聚集点”④，讲好中国故事，增强对外传播的吸引力和感染力。

---

① 《决胜全面建成小康社会 夺取新时代中国特色社会主义伟大胜利——在中国共产党第十九次全国代表大会上的报告》，《人民日报》2017 年 10 月 28 日。

② 《决胜全面建成小康社会 夺取新时代中国特色社会主义伟大胜利——在中国共产党第十九次全国代表大会上的报告》，《人民日报》2017 年 10 月 28 日。

③ 参见程曼丽《论我国软实力提升中的大众传播策略》，《对外大传播》2006 年第 10 期。

④ 卢新宁：《人民日报社：媒体深度融合发展的新时代》，载胡怀福、周劲《王者融归：媒体深度融合 56 个实战案例》，人民日报出版社 2019 年版，第 17 页。

**二、就国内环境而言，改革开放在激发中国社会巨大活力、带动中国经济持续多年高速增长后，也进入改革的深水区和攻坚期，中国社会面临的问题更加复杂，进一步深化改革遇到的障碍和困难不断增多，改革的深刻性、复杂性和艰巨性前所未有**

2012年12月，在十八届中央政治局第二次集体学习时的讲话中，习近平总书记指出："现在，推进改革开放有了更坚实的基础，但改革开放越往纵深发展，发展中的问题和发展后的问题、一般矛盾和深层次矛盾、有待完成的任务和新提出的任务越交织叠加、错综复杂。"①

2014年2月，国家主席习近平在接受俄罗斯电视台专访时指出："在中国这样一个拥有13亿多人口的国家深化改革，绝非易事。中国改革经过30多年，已进入深水区，可以说，容易的、皆大欢喜的改革已经完成了，好吃的肉都吃掉了，剩下的都是难啃的硬骨头。"②

2015年10月，习近平总书记在中共十八届五中全会第二次全体会议上强调："现在看来，不发展有不发展的问题，发展起来有发展起来的问题，而发展起来后出现的问题并不比发展起来前少，甚至更多更复杂了。新形势下，如果利益关系协调不好，各种矛盾处理不好，就会导致问题激化，严重的就会影响发展进程。"③

2016年7月1日，习近平总书记在庆祝中国共产党成立95周年大会上发表的讲话中指出："改革往往都是从易到难。我们的改革要更加注重系统性、整体性、协同性，敢于涉深水区、啃硬骨头。我们要以勇于自我革命的气魄、坚忍不拔的毅力推进改革，敢于向积存多年的顽瘴痼疾开刀，敢于触及深层次利益关系和矛盾，坚决冲破思想观念束缚，坚决破除利益固化藩篱，坚决清除妨碍

---

① 习近平：《习近平关于全面深化改革论述摘编》，人民网，http://cpc.people.com.cn/n/2014/0625/c164113—25195773.html，访问日期：2020年4月4日。

② 习近平：《习近平谈治国理政》（第一卷），外文出版社2018年版，第101页。

③ 习近平：《习近平谈治国理政》（第二卷），外文出版社2017年版，第82页。

社会生产力发展的体制机制障碍。”①

2017 年 10 月，习近平总书记在十九大报告中指出：“中国特色社会主义进入新时代，我国社会主要矛盾已经转化为人民日益增长的美好生活需要和不平衡不充分的发展之间的矛盾。我国稳定解决了十几亿人的温饱问题，总体上实现小康，不久将全面建成小康社会，人民美好生活需要日益广泛，不仅对物质文化生活提出了更高要求，而且在民主、法治、公平、正义、安全、环境等方面的要求日益增长。同时，我国社会生产力水平总体上显著提高，社会生产能力在很多方面进入世界前列，更加突出的问题是发展不平衡不充分，这已经成为满足人民日益增长的美好生活需要的主要制约因素。”②

2020 年 10 月，习近平总书记在中共十九届五中全会上指出：“我国发展不平衡不充分问题仍然突出，重点领域关键环节改革任务仍然艰巨，创新能力不适应高质量发展要求，农业基础还不稳固，城乡区域发展和收入分配差距较大，生态环保任重道远，民生保障存在短板，社会治理还有弱项。”③

这一系列论述表明，当前我国改革开放进入了一个更为复杂的阶段，社会治理结构、党政关系调整等面临着多重动力和压力。很明显，改革不能停滞不前，各方利益的博弈会更加频繁。在这种局面下，纸媒需对这些复杂的深层次矛盾做出及时、准确、有效的解读，帮助公众对此做出理性判断，为治国理政提供良好的舆论空间。

### 三、随着党的地位和执政理念的变化，党对媒体的领导方式也在不断调整

中国共产党成立以来，对新闻宣传工作给予了高度重视，在长期的革命和建设过程中，媒体作为新闻舆论机关和思想阵地，一直发挥着重要作用。在不同的历史时期，党对媒体的领导方式随着形势和任务的不同而不断进行调整。

为传播马克思主义思想，陈独秀、李大钊等早期的马克思主义者直接创办刊物、发表文章以阐发观点，这一做法为党报党刊的发展提供了范本，很多后来成为党的高级别领导的人士都曾担任过报刊主编或直接领导报刊工作。在抗

---

① 习近平：《习近平谈治国理政》（第二卷），外文出版社 2017 年版，第 39 页。

② 《决胜全面建成小康社会 夺取新时代中国特色社会主义伟大胜利——在中国共产党第十九次全国代表大会上的报告》，《人民日报》2017 年 10 月 28 日。

③ 《中共十九届五中全会在京举行》，《人民日报》2020 年 10 月 30 日。

日战争和解放战争时期，党所领导的报纸更是党宣传自身主张、反驳敌人攻击、组织发动群众和鼓舞军民士气的重要手段，在延安《解放日报》、重庆《新华日报》的办报工作中，毛泽东、周恩来等领导人都给予了直接指导。总体来看，这一时期的党报成为“组织一切工作的一个武器，反映政治、军事、经济并且又指导政治、军事、经济的一个武器，组织群众和教育群众的一个武器”①。

新中国成立后，这种做法依然被沿用，由党委给予报纸直接、具体的领导，在新闻工作中多次被强调。

1950 年 1 月，《中共中央华北局宣传部对〈察哈尔日报〉奖励和批评的通报》指出：“首先要紧紧地和领导结合，这是报纸的灵魂，没有和领导的结合，便不能起推动与指导全省工作的作用。”②

1954 年 1 月 25 日，《中共中央西北局关于改进报纸工作的决定》提出：“报纸是党的工作中最重要的部分，是教育和领导群众最有力的武器。”③ 该《决定》认为，“党委对报纸经常的具体的领导，是办好报纸的关键。各地党委均应把报纸工作作为党委最主要的工作之一，抓紧领导”④。

1954 年 2 月，《中共中央蒙绥分局关于加强与改进报纸经济建设报道的决定（草案）》要求，“进一步加强党委对报纸的领导和继续贯彻全党办报的精神。由党委宣传部长负责对报纸日常工作的领导，经常向报社传达党委意图及对报纸的意见，审查报纸的重要稿件。党委每半年讨论一次报纸工作，并随时注意在对重大问题及当地重大工作的报道上给予及时指示。党委委员对自己主管工作中的重要稿件负有审查之责”⑤。

1954 年 3 月 8 日，《中共中央西南局关于改进报纸的决议（草案）》强调：

---

① 毛泽东：《毛泽东文集》第 3 卷，人民出版社 1996 年版，第 108 页。

② 中国社会科学院新闻研究所编：《中国共产党新闻工作文件汇编》（中册），新华出版社 1980 年版，第 148 页。

③ 中国社会科学院新闻研究所编：《中国共产党新闻工作文件汇编》（中册），新华出版社 1980 年版，第 371 页。

④ 中国社会科学院新闻研究所编：《中国共产党新闻工作文件汇编》（中册），新华出版社 1980 年版，第 379 页。

⑤ 中国社会科学院新闻研究所编：《中国共产党新闻工作文件汇编》（中册），新华出版社 1980 年版，第 427 页。

“报纸是党广泛联系群众，进行社会主义教育与组织群众逐步实现总路线而斗争的最强有力的武器之一，各业务机关与各级党的组织应尽量地充分地利用报纸指导本部门本地区的工作，并应经常地主动地给报纸写稿或供给材料，给报纸以必要的帮助与支持。只有这样，才能把我们的报纸办得更好。”①

1954 年 2 月 22 日，《中共河北省委关于加强对报纸领导的决定》指出：“为了改进报纸工作，提高报纸的报道思想水平，党委在讨论当前工作及宣传工作时，应吸收报社社长或总编辑列席，一切有关中心工作、宣传工作的上级指示，也应及时使报社领导干部知道。党委应经常向报社编辑部传达党委对当前工作的意图和对报纸的意见，并应注意结合各个时期的报道任务，有计划地组织报社干部参加各种实际工作。”②

类似的文件不胜枚举，在此不一一赘述。总体来看，这些文件强调各级党委对报纸工作的直接参与和领导，不仅对报道安排和报道内容有具体的部署，在计划经济体制下，办报经费、发行等也都有统一安排。在革命战争时期和新中国成立初期，这种党对报纸的集中领导、绝对领导的方式确保了纸媒在宣传党的主张和政治理念方面的准确性和权威性。

有研究者认为，虽然中国共产党在新中国成立后从革命党转变为执政党，但从思维方式上看并没有立刻完成从“革命党思维”到“执政党思维”的转换，直至十一届三中全会之后开启的一系列理论创新才体现了自觉转换的进程。③ 与此相对应，党对纸媒的领导方式也发生了变化，更加尊重传播规律、注重传播效果，“宣传的刚性被淡化，宣传的柔性开始被强调”④。如果说在“革命党思维”中纸媒更多地被视为革命的武器，更注重其战斗性与教育性，那么“执政党思维”更强调纸媒的执政资源属性，更注重建设性。这都对纸媒提出了新的挑战，原有的宣传报道策略与理念都需要与时俱进。

---

① 中国社会科学院新闻研究所编：《中国共产党新闻工作文件汇编》（中册），新华出版社 1980 年版，第 412 页。

② 中国社会科学院新闻研究所编：《中国共产党新闻工作文件汇编》（中册），新华出版社 1980 年版，第 434—435 页。

③ 王武录主编《党的执政能力建设与党报》，中国传媒大学出版社 2008 年版，第 10—11 页。

④ 张宁：《关系视角下政党宣传范式的转变与创新》，载张志安等《新媒体与舆论：十二个关键问题》，中国传媒大学出版社 2016 年版，第 37 页。

张宁教授在分析了中国共产党在不同时期采用的宣传范式后，认为建党初期党的宣传对象是需要被教育、被提高革命觉悟者，对受众的这一定位从战争时期持续到新中国成立，再到改革开放初期，政党以领导与被领导、教育与被教育的关系定位来认识宣传对象，因此，宣传范式即使到了改革初期，仍然带有统一管理、自上而下、刚性灌输和教育防御的性质。但是随着改革开放和媒介发展，政党和社会原有关系发生了解构和重构，“以往领导与被领导、教育与被教育的垂直关系开始趋于平等互动，在政治认同和意识形态构建的过程中，个体主观经验和个性化信息渠道的作用越来越重要，自上而下的单向、灌输、指令式传播在网络赋权、众声喧哗、议题分化、共识难成的时代业已失效，政党在为合法性、稳定性和风险应对进行的宣传活动中会遇到越来越多的竞争者、竞争话语和竞争场域。”① 他认为，面对教育程度、知识水平、信息和独立思考能力不断提升的社会公众，政党宣传已经进入了尊重传播规律和社会舆论的引导范式并向“可沟通”范式迈进。在这个范式中，要允许多元主体参与，通过不同的话语体系和传播方式达成政党宣传的目标；主流意识形态要与非主流意识形态和政治亚文化形态共同构筑多元互动、融合竞争、宽容良性的社会文化氛围；要把宣传部门视为一个重要而相对有自由裁量空间的职能部门。②

很明显，这些变化要求纸媒创造性地开展工作，要更加尊重公众、更加尊重新闻传播规律，正视舆论的多元化与表达的多样化，创新传播方式、话语形态和传播渠道，在众声喧哗中吸引公众、在理性交流互动中引导公众。

## 第二节　技术变革引发媒介生态的重构

习总书记指出：“当今世界，信息技术革命日新月异，对国际政治、经济、文化、社会、军事等领域发展产生了深刻影响。信息化和经济全球化相互促进，

① 参见张宁《关系视角下政党宣传范式的转变与创新》，载张志安等《新媒体与舆论：十二个关键问题》，中国传媒大学出版社 2016 年版，第 38 页。

② 参见张宁《关系视角下政党宣传范式的转变与创新》，载张志安等《新媒体与舆论：十二个关键问题》，中国传媒大学出版社 2016 年版，第 38—42 页。

互联网已经融入社会生活方方面面，深刻改变了人们的生产和生活方式。”① 从信息传递的角度来看，从烽火到飞鸿，从信件到电报，从电话到直播，人类对于信息的渴求不断呼唤着新技术的出现，而每一个新技术出现后都很快会被应用到信息传播活动中来，以增强信息的时效性和现场感。从这个意义上说，媒体不但从未排斥过有利于信息传播的新技术，而且会积极地拥抱新技术，借助新技术的力量实现自身信息传播的不断更新与升级。比如，激光照排的出现，使得“光与电”取代了“铅与火”，纸媒的生产效率得到极大提高，不仅在当时使得报道的时效性大大增强，也为日后都市报、晨报等多种类型报纸的发展奠定了重要的技术基础。同理，面对当前移动互联网环境下的各种新技术，纸媒也同样要积极地让其为我所用，而不是一味怀念昔日的辉煌。须知，那辉煌的背后不仅仅凝聚着纸媒从业者的智慧，也有着当年那些新技术的功劳。

概言之，当下移动互联网环境中新技术的应用及其对传媒业的影响，主要表现为如下几个方面。

**一、从“报台为主”到“屏分天下”：信息发布渠道不断拓展**

智能手机的出现，使得“能打电话的移动终端”取代报纸、收音机、电视机成为方便快捷的信息接收设备，而随着 4G、5G 网络建设，使用智能手机浏览资讯成为越来越多人的选择，手机屏开始与电视屏、电脑屏、户外大屏等一起成为信息获取终端，并受到越来越多人的青睐。谷歌在全球范围内调研后发布的《新的多屏世界》报告中指出，用户每天与媒体的互动 90%都发生在 4 个屏幕上，依次是手机、电脑、平板和电视，只有 10%发生在收音机、报纸和杂志上。②

从数据来看，报纸发行量的下滑已是一个不争的事实，电视开机率也逐年降低，手机取代电脑成为最主要的上网工具。崔保国教授认为，从历史数据来看，2008 年到 2018 年的 10 年，见证了中国报刊媒体由盛转衰的过程。其中，报纸广告收入于 2011 年到达了中国报业发展的历史顶点为 450.8 亿元，发行收入 267.9 亿元，此后双双进入下行区间，并且在 2013 年左右进入断崖式下行阶

---

① 习近平：《习近平谈治国理政》（第一卷），外文出版社 2018 年版，第 197 页。

② 参见胡正荣《进入改革深水区的传统媒体出路》，微信公众号“传媒学术网”，https://mp.weixin.qq.com/s/6zfYuAG8yIQjHdSUbv_K7g，访问日期：2021 年 4 月 9 日。

段。这种现象与中国的移动互联网、智能手机移动终端的崛起有关。工信部数据表明，2012 年 8 月，中国 3G 手机出货量超过 2G 手机，这意味着在 2012 年前后，超过 50％的新增用户开始使用 3G 智能手机，并且在此影响下逐渐地改变了媒体使用偏好。①

媒体使用偏好的改变不仅改变了媒介格局，也改变了信息消费的方式和理念。在数字化时代，公众比以往任何时候更需要信息，更容易陷入因不能即时接收信息而带来的恐慌。便携易用的智能手机一方面填补了这种恐慌，另一方面又在制造这种恐慌，使更多人患上“手机依赖症”。这种情形直接打破了此前报纸、广播、电视垄断的信息发布渠道，使公众有了更多的选择空间，而移动互联网的发展又催生出了借助手机屏发布信息的平台。除了由电脑端转战至手机端的网站之外，更符合移动互联网特性的新媒体平台吸引了更多人关注手机屏。微博、微信、今日头条、一点资讯、快手、抖音……这些自带移动互联基因的新媒体平台，不断结合新技术发展推出新型产品，让人们不仅能通过它们接收信息，也能够通过它们发布信息，“用户”的概念由此出现在信息消费领域，传统媒体的“受众市场”受到挤压。信息传播渠道的增加带来了信息量的剧增，公众被赋予更多的选择权和发声权。

此外，借助互联网无远弗届的特性，媒体的传播范围大大拓展，传统意义上的“地方媒体”不复存在，只要积极拥抱互联网，地方媒体也能借助新技术新平台突破过去的疆域限制，将辐射范围拓展到全国乃至全球。这使运营得当的地方媒体的市场规模得以扩大，用户不再仅仅局限于某一行政区划内，而是在全网用户中寻找自己的核心用户群体，而用户群体的壮大则会引来更多的广告投放，也可以自主搭建平台进行商务活动。这一变化为地方媒体提供了弯道超车的可能，也加剧了媒介市场的竞争，只有真正找到自身的核心用户并为他们提供精准服务的媒体，才有发展壮大的可能。

信息发布渠道多元带来的另一个变化，就是信息传播突破城乡地域的界限，城乡之间在内容层面能够无差别地在信息海洋中进行自主选择。

与传统的城乡二元治理结构相对应，传统的传媒市场也存在着“重城市、

① 参见崔保国《重磅！2019 中国传媒产业发展报告》，https：//mp. weixin. qq. com/s/Of8bEI2fb7qwECx7P8nGew，访问日期：2020 年 5 月 3 日。

轻乡村”的现象，三级办报纸、四级办广播电视的设计，使城乡之间也存在着信息传播不平衡的现象，特别是基于城乡间消费能力的差异，真正面向乡村的媒介并不多见。20世纪八九十年代晚报、都市报兴盛之时，面对的主要群体是城市市民；在视听领域，都市剧的比例也远远高于乡村题材。近年来，随着脱贫攻坚步伐的加快、乡村振兴计划的实施和城镇化建设的兴起，农民的生活水平得以提高，智能手机也迅速在乡村普及。在一、二线城市市场饱和的背景下，争夺三、四线城市和乡村等下沉市场成为新兴媒体平台的战略选择。由此，城乡用户共同进入移动互联网时代。

这一带有突破性的变化使城乡用户在信息的获取与发布方面站在了同一起跑线上，虽然信息偏好的不同使不同用户选择的信息不同，但从理论上来看，城乡用户拥有同等的机会去接触移动互联网上的信息，一些热点事件和爆款新闻产品能够同步呈现在城乡用户面前。这极大地拓宽了乡村用户的视野，使他们能够更多地了解外部世界，甚至由于拥有更多的闲暇时间，乡村用户反而成为很多网络应用程序的主要使用者。

新华社记者肖春飞在西藏林芝调研时发现：一群还在使用传统农具劳作的藏族群众，在躲雨时娴熟地使用手机拍摄抖音。这一现象说明在信息传播与交互中也存在“直过”现象，即过去因为地域、学历、年龄、收入等差异，有一部分人在接收信息方面处于弱势，甚至被信息遗忘和抛弃，现在因为移动传播技术的发展，加上廉价智能手机的普及，这个群体在接收信息方面迅速站在了平等的位置，直接跳过了读报和看电视的阶段。在移动传播的平台上，传播者与接收者的界限不再像以往那样清晰，即使是身处偏远的西藏的农牧民，不但能顺畅地接收信息，甚至还成为信息的生产者和传播者。①

正如喻国明教授所言：“互联网激活了存在于复杂关系网中的个人，也为网络中的个人赋予权利。”② 移动互联网环境下新技术的赋能，消除了过去因传播渠道差别带来的公众在信息接收与发布上的差异，每个人都有机会在信息海洋中各取所需，并据此做出自己对于外部世界的判断。这一方面为公众提供了更

---

① 参见肖春飞《县级融媒体中心建设的价值观与方法论》，《中国记者》2019年第8期。

② 喻国明：《关于网络舆论场供给侧改革的思考》，载张志安等《新媒体与舆论：十二个关键问题》，中国传媒大学出版社2016年版，第1页。

多的表达机会和言说空间，另一方面也使公众有更多可能通过自己信任和习惯的渠道接受某些观点，形成“先入为主”的印象。

**二、从“被动接收”到“深度参与”：传统的“传—受”关系被重新建构**

在传统媒体时代的信息传播过程中，报纸、广播、电视作为传播者存在，读者、听众、观众作为接收者存在，信息的“发布—接收”界限明确，传收双方虽有互动，但多以邮件、电话、短信等方式展开，频次低、效率差、范围小，受众也很难通过有效的信息反馈直接影响到媒体的内容生产。这一时期，媒体之间虽然也存在激烈的竞争，但主要目标在于争夺受众，以及由大规模受众带来的大量广告投放，信息发布的主导权仍然掌握在媒体手中，受众只是被动的接收者。

而在“去中心化”的移动互联网时代，大众传播逐渐向公众传播、个性化传播的方向发展，传统媒体的中心地位逐步被消解，个体的主动权逐步增强。随着微博、微信、客户端、短视频平台的不断出现，借助互联网海量存储的优势，信息量空前繁荣，信息不再受限，渠道不再受限，信息生产、传播与消费不再受时空限制，公众的注意力和时间却成为稀缺资源，即使是碎片化的时间，也成为各新媒体平台努力竞争的对象，各种适配新闻产品在不断试错中成长。

可以说，移动互联网技术的发展，使公众无时无刻不处于信息的包围与轰炸之中，只要愿意，人们可以随时随地获取信息，而且可以通过跟帖、留言、点赞等方式表达自己对某一信息的态度，甚至仅仅是一次点击，汇总起来也能给信息发布者提供判断某一信息是否受欢迎的参考，从中捕捉公众的兴趣点，进而有意识地在后续的信息发布中强化这些点、强化某一受欢迎的发布形式。此时的公众，已经不再是一个被动的信息接收者，而是深度参与到信息传播过程之中，成为不可或缺的传播环节。“在移动互联网技术的支持下，人们的个性化意志已经有了和专业媒体意志相抗衡的资本。”① 彭兰教授的这一判断提醒我们，在新的媒体格局中重新定位与公众的关系，已成为专业媒体不可回避的一个问题，无视公众，继续沿用以前的传播理念与运作方式，很大概率会被公众抛弃。

---

① 彭兰：《新媒体用户研究：节点化、媒介化、赛博格化的人》，中国人民大学出版社 2020 年版，第 223 页。

在移动互联网的技术环境中，以节点为中心的分布式网络结构赋予了每一个节点同等的重要性，每一个节点都可以成为一个传播中心。从用户的层面来说，可以依托自身所在的节点，“按照各自的意愿而非媒体的统一意志，从不同的视角、层面来进行内容的生产”①，可以从自身所处的关系网中自由获取其他节点发出的信息，也可以便捷地转发自己中意的内容，通过裂变式传播扩大其影响范围。这也使得过往专业媒体的中心地位和话语主导权遭遇挑战。

从近些年的新闻实践中不难发现，“受众”的概念逐渐模糊，“用户”“粉丝”等提法日渐清晰，如何增强用户黏性、培养“忠粉”，成为很多新媒体账号重点考量的问题。业内人士指出：“新媒体时代，媒体与受众的关系从单向灌输向双向互动转变。媒体与用户之间，随时都在进行信息、观点、情感的交流、交锋、交融。从简单交互，到深度参与，直至出现像微博、微信、抖音、快手这样几乎完全由用户提供内容的产品，媒体与用户日益成为信息传播共同体、价值判断共同体、情感传递共同体。用户的数量、停留时长、参与程度，代表媒体对受众的聚拢吸附能力、社会动员能力和行为塑造能力，构成媒体视为生命的传播力、引导力、影响力、公信力。”② 信息传播共同体、价值判断共同体、情感传递共同体，要求媒体与核心用户呼吸与共，具备唤起共鸣、共情的能力；聚拢吸附能力、社会动员能力和行为塑造能力，则要求媒体承担更多的社会职责，对用户进行积极有效又不着痕迹的引导。在社会情绪复杂多变、崇尚自我意识的大背景下，达成这些目标实属不易。

### 三、从“寻找代言人”到“直接发声”：信息发布日益多元

传统媒体时代，记者是最重要的信息搜集者，报刊、广播、电视是最重要的信息发布者，一条消息想在短时间内为大多数人所知晓，若无媒体的介入很难实现。为此，自认遭遇不公者会向媒体倾诉自身的经历，发现不良现象者会向媒体提供线索。《焦点访谈》创办初期每天涌向央视新闻评论部几麻袋信件，无不寄托着当事人寻找媒体代言人为己发声的希望。即使是一些企事业单位，在做一些大型活动时也往往需要借助媒体的力量使之产生更大的影响。应该说，

① 彭兰：《新媒体用户研究：节点化、媒介化、赛博格化的人》，中国人民大学出版社 2020 年版，第 29 页。

② 丁伟：《新媒体内容生态演进的 8 个方向》，《新闻战线》2018 年 10 月上。

彼时的媒体和媒体人，构成了信息发布的主力军，虽然绝对数量众多，但从身份来判断仍是较为单一的。由于有专业训练和媒体的编辑审校制度做保证，绝大多数情况下这一信息主体发布的信息都是高质量、可依赖的。

到了互联网时代，由于信息发布渠道的增多，很多人摆脱了对传统媒体的依赖，可以借助各种平台发布消息，信息发布的主体日渐多元。无论是博客、微博，还是微信、短视频平台，都为公众提供了发布事实、评说新闻甚至展示才艺的机会。视频尤其是短视频的出现，使得信息发布更为便捷。视知 TV 创始人、CEO 马昌博认为，对于内容生产机构而言，短视频和小视频带来了平民式工业化的基因升级。在他看来，快手短视频平台上所有的视频有自己的内容生产模式、模块、模板，这就是工业化的一个属性。内容创作者只要有一个想法，便可以利用平台提供的系统直接做出自己想要的内容，极大降低内容生产的门槛。① 喻国明教授从传播变革的角度指出了短视频的价值：从 4G 开始，短视频成为一种让普通老百姓毫无障碍地把自己的生存状态和所思所想向全社会进行分享的工具，人类历史上第一次把社会性传播的发言者的准入门槛降到如此之低，使海量普通大众成为今天真正意义上的传播者，这是一个革命性的转变。②

社会性传播准入门槛的降低，给了公众更多的发言机会，使公众有更多的可能展示自身的遭遇、发出自己的疑问或判断。在诸如周老虎假照、表哥杨达才、郭美美事件等社会热点事件中，无数网友参与接力，提供了专业的知识和判断，合力完成了信息拼图与舆论监督，一步步走近事件真相。如果没有这些身份、背景、学识多元的信息发布主体的参与，某些网络热点事件可能很难被大众深入了解，也正是得益于互联网提供的直接发声的机会，才为各阶层人士了解不同的声音提供了可能，进而为广泛深入的社会探讨和达成共识奠定了必要的基础。

同时，公众的直接发声也推动了传统媒体与自媒体之间话语权的转换。研究者认为，传统意义上的媒介“往往只是权威的传声筒，权威一旦建立，话语

① 参见吴晨光《甩了文字 N 条街，小视频为何成了国民内容?》，微信公众号“一点晨光”，https://mp.weixin.qq.com/s/－UVecROju1p7VjxXNhqHpQ，访问日期：2020 年 5 月 9 日。

② 参见喻国明《5G：一项深刻改变传播与社会的革命性技术》，《新闻战线》2019 年 8 月上。

权便自然而然地是其附属品。此时，权威可以居高临下地指指点点，受众只能默默地接受”，而在当下的传播环境中，“话语生产者的地位落差被抹平了，传统话语的‘霸权’被击碎了，每一个用户都能自由进行表达，传统权威被消解殆尽。每个用户都可以生产话语，挑战权威，甚至自己成为权威。”① 这种平等的话语权提高了信息发布的丰富性，但也使得传统媒体面临着更激烈的话语主导权的竞争。

当然，信息发布主体的多元化也带来了一些值得注意的问题，比如一些人为了个人或所在群体的利益捏造事实、散布不实信息，影响了新媒体平台信息发布的可信性；比如一些人为了点击率而夸大事实、煽动情绪，拉低了信息发布的总体质量；比如一些人不愿接受不同于自己的观点，甚至不惜对这些观点持有者恶意攻击，谩骂侮辱之声使网络空间的讨论不能在理性的环境下正常展开……这些问题的出现，确实制造了一些杂音、噪声，但是只要能保证每个人的发言机会，使各种事实、观点能够充分碰撞，借助舆论自我净化的特性，很多问题是能够由互联网和网友自行解决的。当然，在这个过程中，有关部门的监管、全社会媒介素养教育的开展等外力的综合作用也是必需的，只不过这些外力最好限定在一个合理的“度”之内。

**四、从“千人一面”到“千人千面”：信息推送愈加精准**

传统媒体时代虽然也强调对受众的细分，但对于一个基本成型的媒体，创办或改版方案一旦开始实施，其特定受众面对的信息是同一的。即使是储存海量信息的新闻网站，也只是提供一揽子信息，由网民自行选择。换言之，网民面对的信息是一致的、无差别的，需要自行甄选自己感兴趣的信息。进入移动互联网时代，算法推荐技术使得信息分发更加个性化，千人千面的信息推送成为可能。公众不必再过多地花时间搜寻自己感兴趣的信息，而是可以坐等信息来敲门。正如“一点资讯”总编辑吴晨光所说，“一点资讯”改变了总编辑和编辑决定把什么样的内容放在什么样的位置上的做法，“把用户放在了‘甲方’的位置，通过用户的位置、机型、个人信息，以及在 APP 内的浏览习惯等，判断个人兴趣、给出用户画像，然后把经过细分的内容匹配给相应的人。算法开始

① 许哲：《自媒体话语权研究》，知识产权出版社 2018 年版，第 59 页。

逐步和总编辑一样拥有内容分发的权利”①。

这种千人千面的推送，改变了长期以来媒体发布的单一性，使同一家媒体面对不同用户时也能发布个性化产品，使每个用户都有了自己特定的内容编辑部，极大地节省了时间，最大限度地满足了用户对信息的定制化需求。虽然算法推荐仍存在一些弊端，比如注重满足用户“欲知”的信息而忽略了“应知”“必知”的信息，造成了“信息茧房”效应，比如多依赖点击率来判断稿件的价值而造成某些“标题党”稿件被加大推送力度，等等，但总体而言，它改变了新闻媒体以“传者”为中心的传统，转而以“用户”为中心，根据用户的兴趣、喜好来判断每条信息对于不同用户的价值，并以此作为分发的依据。这对于传统的新闻传播观念无疑是一场颠覆，它强化了创作者对用户的尊重，又区分用户需求的正当性和品位；它加剧了信息生产的“量”，又让人们呼唤作品的“质”；它满足了用户的特定需求，又陷入了因强化这种需求而有可能遮蔽用户双眼的质疑……但无论如何，算法推荐已经进入了信息传播领域并进一步介入了社会生活，我们所需要做的，只是努力将其完善，使之发挥更好的作用。

综上可见，随着技术的演进，媒体的品种、数量急剧增加，媒体与公众的关系被重新定义，内容生产、分发的方式与逻辑也在被重新界定，媒介格局发生了明显变化并将继续变化。2019 年 1 月 25 日，习近平同志在中央政治局集体学习时指出，“当前，全媒体不断发展，出现了全程媒体、全息媒体、全员媒体、全效媒体，信息无处不在、无所不及、无人不用，带来舆论生态、媒体格局、传播方式的深刻变化，新闻舆论工作面临新的机遇和挑战”。②“全程”“全息”“全员”“全效”，高度概括出当前媒体生态的新特点。中宣部媒体融合专家组成员宋建武在对此进行的解读中指出，所谓“全程”，是指客观事物运动的整个过程都会被现代信息技术捕捉、记录并存储；所谓“全息”，是指在数字化技术基础上，媒体信息来源和信息呈现形态的多样化，如文字、图片、音频、视频等；所谓“全员”，是指社会方方面面各种主体（个人、各类机构等）都在通过网络进入社会信息交互的过程中；所谓“全效”，是指互联网时代全媒体传播

① 参见吴晨光《自媒体之道》，中国人民大学出版社 2018 年版，第 3 页。

② 习近平：《习近平谈治国理政》（第三卷），外文出版社 2020 年版，第 317 页。

体系效能的全面化。[①]

对于传统媒体来说，这一变化带来的挑战是巨大的，新华社总编辑何平认为，作为传统主流媒体，我们面对的是信息发布从“唯一”到“之一”的渠道之变，传播对象从“纸媒”到“屏媒”的用户之变，媒体形态从“单一”到“融合”的跨界之变。[②] 这些变化一度让一些传统媒体产生了“本领恐慌”，但信息技术发展的步伐并不会因此而停止，只有顺势而为，勇敢地面对变化，才能寻找到自身的发展空间。从更长远的角度来看，当前的新媒体也绝非媒体的终极形态，媒体还将随着技术进步而不断演进，开发出新的形态。上海报业集团党委书记、社长裘新指出，融合发展是一次以技术创新为引领的媒体变革，手机肯定不是媒介的最终形态和最终载体，依托手机的媒体也不会是最终的未来媒体。[③] 在这种情况下，唯有不断加深对技术的理解和运用，主动运用新技术开发新产品，媒体才能在时代大潮中获得更大发展。

## 第三节　多元化的社会舆论亟须引导

新闻与舆论，历来相伴相生。媒体的报道引发舆情沸腾，或者发于民间的盛大舆论引发媒体的关注进而催生出新闻作品，已成为社会生活的常态。对于当今中国而言，进入改革攻坚期的社会现实与移动互联网环境下自媒体兴盛的背景相叠加，使得舆论场更加复杂多变。

### 一、改革开放使个体有机会摆脱对单位组织的依赖，自主发声

改革开放始于思想解放，思想解放又进一步助推了改革开放，在二者互相推进的过程中，个体价值进一步凸显。在改革开放的进程中，在中国社会转型的进程中，在计划经济体制过渡到社会主义市场经济体制的进程中，社会成员的个体独立性得到尊重，社会为公众提供了更多的言说空间。

---

① 参见微信公众号“人民日报媒体技术”《中宣部媒体融合专家组成员宋建武：如何建设全媒体传播体系如何建设全媒体传播体系》，https://mp.weixin.qq.com/s/NYytR3EW5_nanomk_q8B0w，访问日期：2020 年 5 月 10 日。

② 何平：《在进军主战场的第一方阵中当好主力军》，《中国记者》2020 年第 10 期。

③ 裘新：《未来已来，相信未来——创造上海报业改革新传奇》，《传媒》2019 年第 4 期。

有社会学者指出，在当代中国社会的变革中一个根本性的过程就是社会的日益分化。“在高度中央集权的计划经济体制下，国家掌握和控制了几乎一切社会生产、生活机会，整个社会被从上而下的组织起来，社会分化十分有限，即使存在分化，在很大程度上也是国家再分配体制造成的结果；‘单位制’和‘人民公社’成为当时整个社会组织体系的基础，既是生产单位，又是国家控制体系的一部分，同时也构成了当时不同社会群体表达利益诉求的主要渠道。”① 自然，这种体制下的社会资源中的绝大多数，也是由国家分配的。“单位组织依赖国家，个人依赖单位组织，整个社会形成了一个由上而下进行分配和控制、由下而上依赖服从的结构。”② 在这种结构之下，个体的言说空间自然也是狭小的。

改革开放以来，随着简政放权和市场在资源配置中的作用日益突出，社会成员有机会摆脱对单位组织的依赖，通过市场获得社会资源和生活机会。研究者对这一变化进行了分析：“从资源和机会、从而基本利益由国家自上而下地进行再分配，到资源和机会、从而基本利益通过市场进行初次分配，国家只是二次分配的主体，这是一场深刻变革，它从根本上改变了当代中国社会成员、社会群体，包括新社会阶层存在的基础。”③ 这场变革逐渐打破了一元化的社会控制，给公众提供了更多选择的机会，个体的相对独立性得以体现，个体的尊严、个性、权利等过去被忽视甚至被压制的观念逐渐获得认可和重视，使个体摆脱了整体性社会中单一价值体系的束缚，勇于表达自己的立场和态度。

1977 年高考的恢复，不仅为普通人上大学提供了一个平等的机会，为年轻人打开了公平公正的上升通道，也使得“尊重知识、尊重人才”的观念深入人心，激发了公众的学习热情。知识水平的提高拓展了公众的视野，使更多的人构建了自身的知识体系和逻辑框架，有了独立思考和批判现实的能力。另一方面，改革开放使思想文化的交流更为活跃。宋学勤教授认为，改革开放前公众的思想意识是相对封闭的，“这种封闭式的思想意识既游离于过去几千年来中国社会的传统文化，又隔绝于当时世界范围内发展着的文化”④。改革开放以来，

① 李路路、王薇：《新社会阶层：当代中国社会治理新界面》，《社会学》2017 年第 4 期。

② 李路路、王薇：《新社会阶层：当代中国社会治理新界面》，《社会学》2017 年第 4 期。

③ 李路路、王薇：《新社会阶层：当代中国社会治理新界面》，《社会学》2017 年第 4 期。

④ 宋学勤：《改革开放 40 年的中国社会》，中共党史出版社 2018 年版，第 43 页。

中外交往日益增多，文化交流成为常态，在不同价值观的碰撞、交流中，公众的眼界更为开阔，价值观念日趋多元。这些显著变化使民主、文明、自由、平等、公正、法治等价值观得到更多的认同，公众的社会参与意识增强，在参政议政、舆论监督等方面有了更多的积极性。

在这些因素的综合作用下，社会价值观由一元变为多元，一些原本被压制的价值观逐渐被接受，甚至得到了更多的认同和彰显。以不同的价值观为出发点，公众思考问题的角度也显现出差异。同时，言论空间也逐渐放开，使公众有发出自己声音的可能。由此，公众对同一事物的认知不再千篇一律，社会舆论的分化成为现实。

### 二、改革开放推动了社会阶层的分化，不同阶层人士对同一事件的差异化解读加大

新中国成立之初至改革开放前，我国社会长期保持城乡二元结构，经过初期的工商业社会主义改造，社会阶层比较简单。城乡之间虽然存在收入差距，但人们对资源的占有相对平等，贫富差别不大。由于当时生产力水平较低，很多居民未能解决温饱问题，对精神文化产品需求的差别不大甚至无暇顾及，而“以阶级斗争为纲”的社会氛围也使得很多人不敢表达自己的真实思想。这种相对简单的社会结构、相近的收入水平和生活状态，使一般公众对同一问题、事件的看法并无太大差别，加之各级各类新闻媒体在宣传报道中的步调一致，往往比较容易形成统一的舆论。

改革开放之后，我国经济获得了持续的高速发展，利益分化和利益重组成为不可忽视的现实，并带来社会群体的重新划分，个体户、私营企业主、下海官员、农民工等新的社会群体开始出现并不断壮大，社会阶层分化得以实现。“改革开放以来，我国的社会阶层构成发生了新的变化，出现了民营科技企业的创业人员和技术人员、受聘于外资企业的管理技术人员、个体户、私营企业主、中介组织的从业人员、自由职业人员等社会阶层。而且，许多人在不同所有制、不同行业、不同地域之间流动频繁，人们的职业、身份经常变动。这种变化还会继续下去。在党的路线方针政策指引下，这些新的社会阶层中的广大人员，通过诚实劳动和工作，通过合法经营，为发展社会主义社会的生产力和其他事业作出了贡献。他们与工人、农民、知识分子、干部和解放军指战员团结在一

起，他们也是有中国特色社会主义事业的建设者。”① 江泽民同志在庆祝中国共产党成立八十周年的讲话中，专门对社会阶层的变化做出上述判断，肯定了这些新阶层的作用，并对其身份进行了界定。根据社会学家的分析，2004 年前后，我国社会结构已分化为十大社会阶层，即“国家与社会管理层、经理阶层、私营企业主阶层、专业技术人员阶层、办事人员阶层、个体工商户阶层、商业服务人员阶层、产业工人阶层、农业劳动者阶层和城市无业、失业和半失业人员阶层”②。值得注意的是，有研究者同时指出：“改革开放 20 余年来，社会各阶层获利的程度不一样，由此就形成了不同的利益阶层。更重要的是，在这样的利益结构和分层结构之下，已经开始形成‘社会分化的动力系统’，在这个动力系统的推动之下，在未来的若干年中，社会阶层将会呈进一步分化的趋势。”③

由相对简单的两个阶级两个阶层（工人阶级、农民阶级、知识分子阶层和干部阶层），到如今至少 10 个且仍在不断分化的社会阶层，我国社会结构发生了巨大变化，而这种变化背后，则是收入水平、社会地位、生活方式等方面的差异逐渐拉大，是因为社会资源占有程度不同、利益诉求与关注点不同而导致的社会价值观的多元。在“经济体制深刻变革，社会结构深刻变动，利益格局深刻调整，思想观念深刻变化”④ 的大背景下，即使面对同一事件，不同阶层人士也会从不同的立场、站位、视野和角度做出判断，有时这些判断甚至会大相径庭。正如研究者所言：“社会分化所产生的利益分化与利益重组呈现出很大的不同步性与非均衡性，加剧了社会心理的复杂性和不同利益群体之间的摩擦与冲突。”⑤ 试想，当某一事件直接威胁或侵害某一阶层的利益时，最大损失方、最大受益方的立场固然难以协调，与这两方较为接近或关系较为密切的其他阶层又将如何发声呢？以目前我国的总人口来看，每一个阶层都有数量庞大的成员，加上移动互联网的技术赋能又使他们拥有了发声的渠道和权利，这无疑将

---

① 江泽民：《在庆祝中国共产党成立 80 周年大会上的讲话》，《人民日报》2001 年 7 月 2 日。

② 李培林、李强、孙立平等《中国社会分层》，社会科学文献出版社 2004 年版，第 353 页。

③ 李培林、李强、孙立平等《中国社会分层》，社会科学文献出版社 2004 年版，第 54 页。

④ 《中共中央关于构建社会主义和谐社会若干重大问题的决定（2006 年 10 月 11 日中国共产党第十六届中央委员会第六次会议通过）》，载中共中央文献研究室《十六大以来重要文献选编》（下），中央文献出版社 2011 年版，第 649 页。

⑤ 宋学勤：《改革开放 40 年的中国社会》，中共党史出版社 2018 年版，第 164 页。

使中国舆论场更加纷纭多变。

还需要注意的是，在社会阶层分化的同时，阶层固化的苗头也开始出现。社会学家李强通过代际流动率的变化发现中国阶层有固化的趋势，表现为四点：第一，准入的门槛越来越高，阶层之间的界限逐渐形成；第二，下层群体向上流动的比率下降；第三，具有阶层特征的生活方式、文化模式逐渐形成；第四，阶层内部的认同加强。① 如果社会底层和中下层失去了向上流动的希望，既不利于社会的稳定，也会阻碍社会的健康发展。因此，如何保证每个阶层的人士都拥有平等的发展机会，是一个需要解决的问题。如果某些阶层的发展机会大于其他阶层，势必会在舆论场上引发更大的社会撕裂。彭兰教授从网络话语权的角度对社会分层进行了思考，指出“面对阶层固化的趋向，人们要改变自己的现实社会阶层，向更高的阶层流动，需要付出极大的努力，有时甚至是不可能完成的任务。相对而言，网络中的话语权力获得付出的代价要小些”②。通过生产、转发、点赞、点击等方式行使网络话语权，对信息生产、发布施加一定的影响，进而获得网络话语层级的上升，在某种程度上可视为对社会阶层固化的“代偿”。在种种机缘下，通过网络获得较高关注度进而实现现实生活中社会阶层攀升的案例也时有发生，这刺激着一些人在新媒体平台上持续发声，其中不乏为争取流量而“搏出位”的言论，甚至出现一些违背常识的、反智的言论，使社会舆论愈发复杂。

## 三、改革开放进入攻坚期，公众在“相对被剥夺感”驱使下通过主动发声维护自身利益的意愿增多

经历了多年的高速增长，改革开放已进入深水区和攻坚期，要进一步深化改革，触碰的往往是深层次矛盾，常常牵一发而动全身。仅以收入分配而言，有研究者认为，当代中国改革开放以来所发生的最大变化之一，即中国社会从一个收入相对较为平等的社会，转变为一个收入差距巨大，且还在日益扩大的社会。由此，不同人士的心态和对社会的认知也日渐分化甚至对立：那些伴随

---

① 参见李强《我国社会结构、社会分层的新特征新趋势》，《北京日报》2016 年 5 月 30 日。

② 彭兰：《新媒体用户研究：节点化、媒介化、赛博格化的人》，中国人民大学出版社 2020 年版，第 130—131 页。

中国前一阶段改革开放和国家发展而成长起来的几代人，他们的地位和利益伴随着改革开放的深入发展变化而不断改变。有的人仍然是受益者，有的人沦为受损者；有些人因受益而产生担忧，有些人因受损而产生怨恨；有些人因受益而千方百计固化自己的利益，有些人因受损而不能接受现在的利益结构。① 这种现实需要进一步改革，但是很明显，这一时期的改革与改革开放初期所面临的阻力有了很大不同。

仍以收入分配为例，有研究者曾做出如下分析：面对越做越大的经济蛋糕，如何分配则成为缓解社会矛盾的关键。但是，权利结构失衡状况没有得到根本改变，以致改革开放的成果还未能为全体人民所共享，甚至在特定情况下，还出现强势群体剥夺弱势群体的现象。以工人、农民为代表的普通民众，有越来越多的人开始成为改革开放的代价承受者，他们的“相对被剥夺感”也越来越强烈，以致在相当程度上，一个人数众多的底层社会开始形成。②

近年来，社会中出现的仇官、仇富情绪，在某种意义上就是这种相对被剥夺感的体现。当普通大众为了住房、教育、医疗等拼尽全力，却发现有一些人已通过不正当手段获取了巨额财富时，内心如何能平静？当这些人与普通公众的矛盾加深时，更多的普通人会很自然地将自身代入其中，产生“下一个受害者可能是我”的担忧。在这种心理驱动下，如何能保持克制，理性地分析问题？于是就出现了常见的一幕：一旦出现官、民纠纷，或者富人、穷人冲突，大众往往先入为主，将民和穷人视为弱势一方，给以无限同情，甚至添加一些想象、推测，来判断强势的“官”“富人”是如何“欺凌百姓”的。尽管有些事实并非如此，但大众仍然倾向于做出这样的判断，并基于这样的判断通过网络和新媒体平台发声。另一方面，大众对于“官”和“富”又并非一律仇视，有时还会为他们发声。比如对于获得中国科学技术奖的科学家，即使奖金有数百万元，大众亦倾向于认为这是其应得的，甚或通过另外的参照系（如娱乐圈某些明星的收入）来证明这些科学家得到的奖励与其贡献并不成正比（这是否可以被视为另外一种“相对被剥夺感”）。可见，“相对被剥夺感”更多的是对公平、规则的渴求，在“不平则鸣”的心理状态下，拥有了发声机会的大众自然会利用

---

① 参见李路路、王薇《新社会阶层：当代中国社会治理新界面》，《社会学》2017 年第 4 期。

② 陈相雨、张卫：《网络集群行为动员：场域、策略及其风险》，《社会学》2017 年第 2 期。

新媒体平台发表自己的观点，以期引发关注、借助舆论的力量维护自身或所处阶层的权益。需要注意的是，很多时候这已经不仅仅是个别人或个别群体的心态，而成为一种普遍的社会心态。

社会心态是一种宏观的社会心理态势，也受到特定时期社会文化变迁的影响，是在一定时期内形成的整个社会或社会的大多数成员共有的宏观的社会心理状态。① 改革开放以来，随着社会的急速变迁，公众的社会心态也不断进行调整、分化，并带动舆论的走向。新媒体的兴起，又使某种社会心态能够在短时间内快速形成与传播。在裂变式传播的移动互联网环境下，社会心态形成过程中的变动性更为突出，甚至会向着让人意想不到的方向发展。自然，基于这种心态产生的社会舆论也呈现出复杂多变的特点。

随着互联网的普及，我国的社会心态同互联网的联系日益紧密。一方面，人们通过互联网接受大量的网络信息，形成了无限丰富的认知感受，人们的社会心态在网络信息的接受与传播中快速生成和复杂变化；另一方面，人们越来越便捷地把面对社会现象形成的各种心理感受表达在网上，或在微信群、QQ群、抖音群中异常活跃地述说和交流自己的心态，这些已经成为大部分网民普遍而经常的网络行为。② 特别是在社交媒体平台，为了吸引公众，本身就会有一些相对情绪化的表达，如果再结合一些具有争议的热点问题展开讨论，很容易引发种种社会情绪和舆论。成伯清教授认为，在贫富悬殊、多数人感到经济利益遭到剥夺（主要是相对剥夺），社会权利保障不到位，公共权力的行使缺乏明确的限制等情况下，受到伤害的民众容易心生怨恨。这种怨恨可以表现为零星爆发的恶意犯罪，也可以表现为网络上的怨恨批评。③ 借助新媒体平台，这种怨恨批评可以使整个社会产生一种怨恨氛围，影响公众的心态与舆论走向。

社会舆论的多元，为媒体的舆论引导带来了挑战。彭兰教授认为，新技术提供的“分布式生产”使得用户“可以按照各自的意愿而非媒体的统一意志，

---

① 参见周晓虹《社会心态、情感治理与媒介变革》，《探索与争鸣》2016年第11期。

② 参见刘少杰《疫情心态网络化的信息偏好与传递效应》，《学术界》2020年第2期。

③ 参见成伯清《从嫉妒到怨恨——论中国社会情绪氛围的一个侧面》，《探索与争鸣》2009年第10期。

从不同的视角、层面来进行内容的生产”①，这使得专业媒体的中心地位受到挑战。在用户层面，老年用户群体更习惯于“对媒体的仰视和服从”，而作为被网络长期耳濡目染的年轻人“对于媒体的态度更多是挑剔和批判而非服从”②。长期以来，传统媒体多是社会舆论的引领者，但在新媒体特别是社交媒体兴起的大环境下，年轻人对媒体的接触有了更多选项，对媒体的态度也不同于从计划经济年代走过来的群体，这使得专业媒体人主导的大众传播的影响范围逐渐缩小，而代际意识形态的分化又使传统媒体的话语不再适用于年轻人，甚至遭到解构和误读。

“在过去的大众传播机制下，媒体天然地站在话语权的中心与‘高地’，且拥有‘高音喇叭’，其音量无人匹敌。”③ 但“人人都有麦克风”的现实消减了“高音喇叭”的影响力，“去中心化”的网络技术的发展又赋予公众平等的发声渠道，社会舆论的多样化日益凸显，不同观点之间的调和难度越来越大，有时甚至会对社会稳定带来压力。2019 年 1 月，习近平总书记在主持十九届中央政治局第十二次集体学习时强调：“我多次说过，没有网络安全就没有国家安全；过不了互联网这一关，就过不了长期执政这一关。”④ 作为党的执政资源，媒体要想办法适应新的舆论环境和媒介格局，努力增强舆论引领的能力，为加强党的执政能力建设贡献力量。

① 彭兰：《新媒体用户研究：节点化、媒介化、赛博格化的人》，中国人民大学出版社 2020 年版，第 29 页。

② 彭兰：《新媒体用户研究：节点化、媒介化、赛博格化的人》，中国人民大学出版社 2020 年版，第 132 页。

③ 彭兰：《新媒体用户研究：节点化、媒介化、赛博格化的人》，中国人民大学出版社 2020 年版，第 29 页。

④ 习近平：《习近平谈治国理政》（第三卷），外文出版社 2020 年版，第 317 页。

# 第二章　深耕内容：以高质量的信息服务履职尽责

无论传播方式怎样变化，内容生产始终是媒体生存发展的根本。正如习近平总书记指出，“对新闻媒体来说，内容创新、形式创新、手段创新都重要，但内容创新是根本的”①。从新闻实践来看，内容建设也是媒介融合进程中的重要环节，没有高质量的内容，特别是原创内容的持续供给，媒介融合就缺少了根本支撑，如果只是靠大量转载，一个媒介的个性将日益模糊，很难打造其不可替代性。研究者认为，思想深刻、见解独到，能为用户提供独特价值的专业优质内容，是建立全媒体传播体系的关键和保障。② 人民网研究院副院长唐胜宏也认为，媒体融合过程中确实出过很多新媒体形态和新技术产品，但有时也让人感觉“炫技”的成分多了一些，真正能够推动社会进步、改善社会治理或完善政策的报道似乎见得少了。在这样的背景下，人民网提出要“强化新闻、回归新闻，强化自身在整个舆论场中的影响力，这样的内容才是人工智能及各种社交平台所无法取代的”。③

不仅是人民网，就人民日报社总体而言，尽管其微博、微信、抖音等新媒体官方账号均处于发展前列，“麻辣财经”等融媒体工作室也蓬勃发展，但人民

---

① 《坚持军报姓党坚持强军为本坚持创新为要 为实现中国梦强军梦提供思想舆论支持》，《人民日报》2015 年 12 月 27 日。

② 参见微信公众号“网信中国”：《媒体融合向纵深发展“内容为王”也有新内涵》，https://mp.weixin.qq.com/s/p2SYYtFdn－jgBQdNN－xJmA，访问日期：2020 年 6 月 7 日。

③ 参见微信公众号“腾讯媒体研究院”：《人民网研究院唐胜宏：中国媒体融合理念、战略及实践》，https://mp.weixin.qq.com/s/Mec30gDj2ujlvhk1M1ahPg，访问日期：2020 年 6 月 10 日。

日报社社长庹震指出："对于主流媒体，优质内容永远是最核心的竞争力。我们要遵循新闻传播规律和新兴媒体发展规律，强化互联网思维，以新思维、新制作、新业态改造内容、提升质量，把高质量发展的要求落实到各方面、全流程，全面提升内容生产水平，打造更多具有主流媒体气质和品格的新闻产品。要坚持不懈改善优质内容供给，打造专业、深入、独家、权威的优质内容，让新闻内容有思想、有温度、有品质、接地气，让人们想看、爱看，让党的声音直抵人心、温暖人心、鼓舞人心、凝聚人心。"① 或许，这种优质的内容就是其新媒体账号赢得大量用户的关键所在。

作为各级党组织的机关报，党报既有媒体属性，又是"中国共产党实现自己奋斗目标的重要新闻手段、宣传工具、舆论机关和思想武器"②，因而也具备执政资源属性。探讨纸媒，特别是党报的话语主导权，不能离开这两个属性，而在移动互联网带来海量信息、人人都有麦克风的现实环境下，做好优质内容供给，还要探讨将两者结合起来的有效方式。

## 第一节　深挖资源，打造核心竞争力

无论是媒介转型还是媒介融合，都不意味着与原有的内容和理念做彻底切割。时尚集团新媒体副总裁王恺霏认为，一个好的转型不是颠覆与抛弃，而一定是以之前的强品牌为依托，顺应它的生长方向自然而然地去转变。③ 中国新闻周刊全媒体运营中心新媒体部总监胡韵强调了媒体的定力："自媒体有太多有个性的了，想要跟他们区别开，我们就要回归到内容本身，要想好我们的定位，不要跟着别人走，或者是把自己本来擅长的东西给忘了，调查和采访本来就是我们作为媒体的强项。"④ 对于纸媒来说，多年积累的权威性、公信力等是巨大

① 庹震：《推动媒体深度融合再上新台阶》，《新闻战线》2018 年 10 月上。

② 邵华泽：《谱写党报历史的新篇章——在"人民共和国党报论坛"首届年会上的讲话》，载《人民共和国党报论坛 2004 年卷》，中国传媒大学出版社 2004 年版，第 4 页。

③ 参见杨雨池《"回归传统，我却发现一座金山"——对话时尚集团新媒体副总裁王恺霏》，载岳淼、叶铁桥主编《转合：移动互联网时代媒体访谈录》，人民邮电出版社 2017 年版，第 160 页。

④ 张宇欣：《〈中国新闻周刊〉：我们不是转型，而是进化》，载岳淼、叶铁桥主编《转合：移动互联网时代媒体访谈录》，人民邮电出版社 2017 年版，第 201 页。

的无形资产，在长期采访报道中与党政机关、采访对象（特别是一些领导干部与专家学者、知名人士）形成的互相信任、重大消息的披露权、训练有素的采编队伍等都是宝贵的资源，充分利用这些资源，对于打造纸媒的核心竞争力具有积极作用。在如何处理传统媒体与新媒体之间的关系上，财新传媒总编辑胡舒立一语中的："财新追求新媒体，愿意探索新媒体转型。但我们也不想放弃传统，我们视传统为责任，也视传统为希望。"① 这说明，在媒介融合的过程中，传统媒体要清醒地认识到自己的传统和优质资源，充分发挥自身优势，才能在激烈的竞争中体现自身的特色、承担起应尽的职责。

比如，依托各级党委、政府部门和专家学者，对党和政府发布的方针、政策、指示、精神进行阐释，就是媒体一个独特的资源，也是媒体的一个重要任务。毛泽东在《对晋绥日报编辑人员的谈话》中指出："我们的政策，不光要使领导者知道，干部知道，还要使广大的群众知道。有关政策的问题，一般地都应当在党的报纸上或者刊物上进行宣传。"② 但是在一些媒体的新闻实践中可以看到，公众对此类报道往往兴趣不大，关注者寥寥，导致这些方针、政策、指示、精神不能快速得到公众的响应，甚至需要层层宣达才能被公众所了解。这一方面延缓了政策的有效落地时间，另一方面也在无形中加大了层层下达中的出错概率，有可能导致对政策的误读。

2018 年 12 月 18 日，习总书记在庆祝改革开放 40 周年大会上指出："我们党来自人民、扎根人民、造福人民，全心全意为人民服务是党的根本宗旨，必须以最广大人民根本利益为我们一切工作的根本出发点和落脚点，坚持把人民拥护不拥护、赞成不赞成、高兴不高兴作为制定政策的依据，顺应民心、尊重民意、关注民情、致力民生，既通过提出并贯彻正确的理论和路线方针政策带领人民前进，又从人民实践创造和发展要求中获得前进动力，让人民共享改革开放成果，激励人民更加自觉地投向改革开放和社会主义现代化建设事业。"③ 2019 年 5 月 31 日，习总书记在"不忘初心、牢记使命"主题教育工作会议上指

---

① 贾宸琰：《向左走，还是向右走，财新传媒选择向前走》，载岳淼、叶铁桥主编《转合：移动互联网时代媒体访谈录》，人民邮电出版社 2017 年版，第 232 页。

② 《毛泽东新闻工作文选》，新华出版社 1983 年版，第 149 页。

③ 习近平：《习近平谈治国理政》（第三卷），外文出版社 2020 年版，第 182 页。

出："我们党来自于人民，为人民而生，因人民而兴，必须始终与人民心心相印、与人民同甘共苦、与人民团结奋斗。每个共产党员都要弄明白，党除了人民利益之外没有自己的特殊利益，党的一切工作都是为了实现好、维护好、发展好最广大人民根本利益；人民是历史的创造者，人民是真正的英雄，必须相信人民、依靠人民；我们永远是劳动人民的普通一员，必须保持同人民群众的血肉联系。"①

从这个意义上来说，党的方针、政策、指示、精神都是为了维护公众利益的，公众没有理由不对此予以关注。一些相关报道之所以不受欢迎，一个很大的原因在于没有找到方针、政策、指示、精神与群众利益的共振点，或者对这个共振点强调不够。如果公众在媒体中看到的只是程式化的领导人活动报道、会议内容摘录，或是文件摘抄，自然很难产生兴趣。1950 年 3 月 29 日，中央人民政府新闻总署署长胡乔木在全国新闻工作会议上指出："如果我们的报纸只发表那些与地方生活无关的东西或发表一些政府机关（中央机关也是一样）的指令、决议、会议等等，那么它们怎么会有生命呢？一切政府机关的会议的精华，并不在于某月某日开幕，某月某日闭幕，这是无生命的东西。但是我们的许多报纸却常把这些东西发表得津津有味，而对这些会议所讨论的问题、背景以及它们所要求的东西怎样变为群众生活的实际状况，却没有努力去发表。这样，我们的报纸就变成了许许多多的布告牌了。"② 虽然媒介环境在不断变化，但是"布告牌"式的新闻却始终存在。

应该看到，不同的文体有各自的写作规范，文件、会议、讲话各有各的诉求点，这些规范与诉求点并不完全适合新闻报道，需要对此做一些调整，才能符合新闻报道的写作规范，才能满足受众对报道的信息需求。因此，对于纸媒来说，阐释方针、政策、指示、精神，绝不只是简单地引用，而是要努力吃透其内涵，认清其背景，在此基础上发现"为什么要这样讲""讲了要解决什么问题"，进而寻找到方针、政策、指示、精神与公众利益的共振点，让公众感受到某个指示对自己的生活会有哪些影响，某个政策会为自己带来何种改变。如果

① 习近平：《习近平谈治国理政》（第三卷），外文出版社 2020 年版，第 137 页。

② 中国社会科学院新闻研究所：《中国共产党新闻工作文件汇编》（中册），新华出版社 1980 年版，第 45 页。

能从这样的角度展开报道和评论，公众的关注度一定会大幅提升，党的方针政策也会借助媒体快速、直接、准确地被公众所感知，消除执行过程中一些不必要的争议、困惑，调动起各方的积极性。特别是在社会转型期，公众出于研判环境、参与社会治理的需要，对时政新闻的需求是客观存在的。

在近年来的新闻改革中，一些传统媒体认识到时政报道并非只是必须完成的“规定动作”，而是能够吸引关注的新闻富矿，关键在于用什么样的方式进行报道。《北京青年报》总编辑余海波认为，一些时政报道太过简单化、程式化，“重大会议新闻报道千篇一律，把时政新闻里重要的东西，与老百姓息息相关的内容都淹没了”①。他由此提出要转变报道风格，把时政新闻与老百姓的衣食住行关联起来。该报时政部运营的微信公众号“政知局”在这方面做了一些尝试，如“对于庙堂之上那些经过严谨推敲的文字，很多人看不懂它背后的意义。‘政知局’把时政写得有趣、轻松、鲜活，告诉大家政治其实跟我们每个人都有关系，这就是它给社会带来的进步”②。该公众号也因此吸引了不少忠实粉丝。可见，公众并非对时政新闻天然地不感兴趣，只是反感那些套路化、简单生硬的报道方式。彭兰教授认为，原本被视为“最硬新闻”的时政内容在社交平台被唤起生命力，说明“今天的用户并非在远离时政内容等严肃新闻，相反，他们对严肃内容的需求也许更多，要求也更高，他们不满足于表层了解，还希望听到更多专业解读，时政新闻等严肃新闻向深层开掘，具有极大的潜力”③。

对于纸媒来说，在获取时政新闻方面有着得天独厚的优势，关键在于如何在移动互联网环境下将这种优势从以往的思维定式中解放出来，使其得以充分发挥。比如《解放日报》党政部开设的微信公众号“伴公汀”，就充分利用了报社多年来与党政部门建立的信任关系，第一时间得到并发布人事任免消息，凭

---

① 崔慧莹：《“如果有 10 个‘团结湖参考’或‘政知局’，团队就保住了”——对话〈北京青年报〉总编辑余海波》，载岳淼、叶铁桥主编《转合：移动互联网时代媒体访谈录》，人民邮电出版社 2017 年版，第 191 页。

② 崔慧莹：《“如果有 10 个‘团结湖参考’或‘政知局’，团队就保住了”——对话〈北京青年报〉总编辑余海波》，载岳淼、叶铁桥主编《转合：移动互联网时代媒体访谈录》，人民邮电出版社 2017 年版，第 191 页。

③ 彭兰：《新媒体用户研究：节点化、媒介化、赛博格化的人》，中国人民大学出版社 2020 年版，第 201 页。

借“信源壁垒”吸引了大量用户。①

很明显，纸媒的优势资源并不仅仅局限于时政新闻这一点，也不仅仅局限在新闻报道上，在此不再一一赘述，这些资源为纸媒在移动互联网环境下的转型与发展奠定了良好的基础，关键在于，纸媒能否根据新的媒介环境的要求对这些资源进行重新审视，能否充分发挥这些优势，能否用符合当前公众需求的方式将这些资源最大化地呈现出来。

## 第二节 做好沟通各方的中介，引领舆论

保持正确的舆论导向，历来是媒体的一个重要任务，纸媒在这方面也积累了丰富经验，在很多重大历史时刻圆满完成了任务，在一些热点事件的舆论引导上发挥了积极作用。进入移动互联网时代，舆论的生成、演化路径发生了明显变化，围绕同一事件，各方观点都拥有了自己的表达平台，多元化的声音能在短时间内引爆舆论场并借助多种渠道快速传播。“网络已日趋成为舆论生成的策源地，舆论传播的集散地，舆论交锋的主阵地”。② 与此同时，自媒体“去中心化”的特质消解了传统媒体长期以来的传播优势，使纸媒的舆论引导工作面临新的挑战。在“人人都有麦克风”“众声喧哗”的舆论格局中，尝试做好连接各方、沟通各方意见的“中介”，也许会是纸媒引领舆论的一个可能路径。

在长期的新闻实践中，纸媒特别是党报更多的是以“党的喉舌”的形象出现，直接反映党和政府的立场、观点。这种身份赋予纸媒极强的官方色彩，使其报道更具权威性，在舆论引领中具备了更强的说服力。然而，在新的媒介格局和舆论环境中，纸媒若想更好地引领舆论，就需要在继续做好“喉舌”的同时承担起更多的职责，“中介”职责也许就是其中之一。

### 一、梳理各方信息，帮助公众完成“信息拼图”

对纸媒而言，完成一切职能的一个基本出发点就在于其作为“媒体”的根

---

① 参见周珊珊《融合，脱胎换骨；转型，脚步匆匆——解放日报社“深度融合、整体转型”的探索》，载岳淼、叶铁桥主编《转合：移动互联网时代媒体访谈录》，人民邮电出版社 2017 年版，第 170 页。

② 赵强：《人民网评：为什么评、评什么、怎么评》，《新闻战线》2019 年 11 月上。

本属性。从这个意义上来说，面对舆论热点，搜集、整合各方信息，并及时向公众发布信息，是媒体的首要任务，也是引领舆论的第一步。

传统媒体时代，由于传播的信息大多需要经过专业媒体人的采集、把关，因而对事件的还原度较高，可信度较强，据此生成的舆论也具有较强的一致性。但是在当前的移动互联网环境下，信息传播的渠道多元，信息发布的人数众多，而“把关”环节相对弱化，这就造成围绕同一事件生发出海量信息的局面。同时，为使自身利益最大化，事件相关各方都会运用手中的资源特别是自媒体资源向公众提供事件背景、解释动机，以获得公众的认可进而赢得话语主导权，这又带来了另外一个问题，即信息的真伪难辨。事件的直接当事人为维护自身利益，肯定会有意无意地强化对自身有利的信息而隐瞒对自己不利的信息，有时甚至不惜通过捏造谎言、剪辑视频或画面等方式提供片面或虚假信息；互联网上的“围观者”中有相当一部分是靠猜测、臆断来解读事件，或因刻板印象而置事实于不顾、只抓住某一细节做文章，或是捕风捉影、添油加醋以赚取流量……这都加大了公众获取真相的难度，相关舆论也容易出现误读、误判。

由此，如何在海量信息中筛选出有价值的信息，帮助公众完成“信息拼图”从而了解真相，就成为媒体引领舆论时一个很重要的问题。马克思在《摩塞尔记者的辩护》一文中说道：“只要报刊有机地运动着，全部事实就会完整地被揭示出来。最初，这个完整的事实只是以同时发展着的各种观点的形式出现在我们的面前，这些观点有时有意地，有时无意地揭示出现象的某一方面，但是归根到底，报纸的这种工作只是为它的一个工作人员准备材料，让他把材料组成一个统一的整体。”① 这个过程在某种意义上就是一个信息拼图的过程，只是当时这个拼图是由记者来完成的，而在新媒体时代，虽然由权威媒体的记者完成的信息拼图因专业性强、消息来源更广而更接近真相，但更多的公众也开始依托自身的信息获取渠道进行信息拼图，这其中一个很重要的渠道就是新媒体平台。如前所述，新媒体平台上的消息良莠不齐，加之算法推荐等技术使得公众获取的往往只是偏向于某一方面的信息，据此形成的信息拼图也往往是残缺的。这时就需要权威媒体来提供一个平台，比较全面地把各方对事实的叙述呈现给公众，与公众互相印证、补充、修正，从而使事实相对完整地展现出来。

---

① 《马克思恩格斯全集》第一卷，人民出版社 1956 年版，第 211 页。

在传统媒体时代，纸媒提供的事实往往是有关部门调查得出的最终结论，或是依托自身的采编队伍采访得来的一手信息，这类权威信息对于澄清事实起到了积极作用，由于获取时间较长而导致报道的时效性差、不能及时回应舆论热点而常常被质疑。移动互联网时代舆论热点的形成、扩散、转换速度超出以往，但这种操作方式的弱点也随之被放大，以致纸媒在披露某些客观信息时不被公众信任，甚至遭遇误解或批评，舆论引导效果不佳。当然，新媒体格局下纸媒仍然要对热点问题进行独立的信息采集、调查核实工作，这是保持报道专业性和职业操守的一个重要手段，但是也要注意，不能采取过去那种希望一篇报道“一锤定音”的策略，而是要快速跟进、及时发布。具体而言，在监测到某一舆情正在形成之时，就要对其进行研判，分析有无报道价值，是否值得跟进；如果认定其值得跟进，就需要快速地收集相关消息，一方面为记者的采访提供基础和方向，另一方面也要通过自己的新媒体平台将这些消息做一些汇总提供给公众，这样既可以体现对舆情的关切，又可以让公众对多方信息有所了解，避免偏听偏信；记者采访过程中获取的信息也不必追求一步到位，当采访进行到一个节点时就可以将相关信息发布在新媒体平台上，以最新的信息不断完善公众的认知和判断。如此，有利于公众及时了解多方信息，在信息拼图的过程中做出相对准确的判断，保证舆论的走向。

需要指出的是，信息拼图是一个动态的过程，随着各种信息的不断加入，原有信息可能会被修正甚至被推翻，出现新闻的“反转”。一些媒体在操作中将“反转新闻”等同于“虚假新闻”，担心会因此影响自身的形象，因而不敢在自己的平台上发布相关信息，希望记者完成报道后再发布消息。这种担心固然有一定道理，但也存在一个隐患：移动互联网时代，公众对于信息有了更多的选择权，如果不能对有价值的事件及时跟进，公众很可能会认为这家媒体无视某一舆情而放弃该媒体平台，即便后续有相关报道也会受众寥寥。从舆论引导的效果来看，这种操作反而不如发现苗头后迅速为公众汇总信息来得好，一方面，可以通过不断补充新的消息来持续吸引关注，为自己的权威报道扩大受众群体，另一方面，也可以通过多元信息破除“信息茧房”对公众视野的限制，利于公众做出更理性的判断。这也提示我们对“反转新闻”做一些辩证的思考，只要不是为追求关注度而对信息不加任何判断和筛选、盲目跟风，甚至借机炒作，传统媒体也好，新媒体也罢，都大可不必为刊发了反转新闻而自责。任何人在面对一个事件时都不可能在短时间内摸清其来龙去脉，而一个正在进展中的复杂事件在不同的时间节点也会呈现不同的状态，要将其完整地报道出来，需要一个不断接近真相的过程，在这个过程中很有可能会随着材料的增多而修正或推翻最初的事实与判断，这恰恰反映了人类认识客观世界的难度和实事求是的过程。当然，这样说的前提是媒体人为了探寻真相而不断认真调查，而不是以此为借口道听途说、以讹传讹，放弃媒体的操守和应有的职责。

**二、展现多元观点，在沟通协调中做到“舆论自净”**

在社会阶层日益分化的当下，不同阶层人士对于同一事物的认知往往具有不同的角度，切入点、关注点的差异决定了相关舆论的纷繁多变。应该说，这是一种正常现象，也只有当不同阶层的声音都有表达平台和表达渠道的时候，每个阶层才能了解其他阶层看待问题的角度、关注的重点以及思维和推理方式，或试图从他人的角度考虑问题，从中发现自身可能存在的偏见及视野的盲区，进而从其他阶层的声音中汲取有益的见解，使自身的观点更公正、更全面。正如研究者所说：“在面对价值观冲突时，很重要的一点是花时间反思一下各方立场背后的价值，这种观点有两个理由。首先，即使我们依然相信自己是对的，但批判者可能会提供一种全然不同的解决方式，这种方式实际上也许对我们更加有利。第二，简单地说，我们可能是错的。如果我们的立场是错误的或者不道德的，那么盲目地为自己辩护，将不利于我们在未来实现自己的利益。”① 亦有研究者从建构媒体公信力的角度对此进行了思考，中国人民大学王斌副教授认为，对于一个媒体而言，并不是它的报道越绝对语态越强硬就越好，如果它能够把这个社会真实的、多元的、复杂的情况反映得越充分，那受众对它的信任其实是更高的，这是在中国社会现在转型过程当中，媒体公信力面临的一种新现象。②

当然，达到这一效果的前提是舆论环境的相对理性和发声者自身的相对冷静，唯此，才能对多方观点进行有效的梳理和研判，实现舆论的自我净化。从

---

① 劳伦斯·萨斯坎德、帕特里克·菲尔德著：《如何应对愤怒的公众》，霍文利译，北京联合出版公司2016年版，第224页。

② 参见微信公众号“人大马新观研究中心”《王斌：新型主流媒体建设》，https://mp.weixin.qq.com/s/QF4BlFKhuuZQpgke—YvY8A，访问日期：2020年7月3日。

现实来看，目前我国网络空间中偏激、暴戾之气还有一定“市场”，盲目跟风、固执己见，甚至不同观点之间的相互攻击谩骂并不鲜见。作为舆论场的一个重要组成部分，网络舆论中存在的这些问题将直接影响社会舆论，使舆论自我净化的时间延长、难度加大。

在这种情况下，一个相对权威、中立的平台的出现很有必要。相对权威，可以使公众注意到这个平台，重视这个平台上的信息，而不至于在海量信息中错失；相对中立，可以使公众对这个平台更具信任感，而不至于将其视为某一利益相关方而加以质疑。从这个意义上来说，纸媒特别是党报最有可能搭建这一平台。以专业性而言，作为媒体，党报及旗下新媒体对各种信息的敏感度和快速捕捉、加工能力毋庸置疑，近年来配备的各种舆情监控和分析软件也使其对舆论场中的新动向保持高度警觉，做出准确判断。同时，不贩卖焦虑、不煽动情绪以赚取流量的职业操守，也使得党报与一些市场化媒体和某些自媒体“大号”区分开来。以权威性而言，党报在长期实践中形成的权威性不言自明，即使在新媒体平台上，“党报发声”“《人民日报》发文”等字样也经常出现在各类文章的标题中，希望以此吸引公众的关注，党报的权威性由此可见一斑。以中立性而言，党报不仅仅是党和政府的“喉舌”，也是人民的“喉舌”，是党和政府联系人民群众的桥梁，而“桥梁”就意味着党报可以容纳多种声音，使不同观点相互沟通。1956 年 8 月，中共中央批转了《人民日报》编辑委员会向中央的报告，指出：“今后《人民日报》发表的文章，除了少数的中央负责同志的文章和少数的社论以外，一般地可以不代表党中央的意见，而且可以允许一些作者在《人民日报》上发表同我们共产党人的见解相反的文章。这样做就会使思想界更加活跃，使马克思主义的真理愈辩愈明。”① 当然，这样的声音必须是理性的，而不是盲目的、片面的，更不是为吸引关注度而搏出位的。

由此可见，纸媒并非只能做“喉舌”，同样可以成为一个相对中立的、表达各方观点的平台。如果说传统媒体时代，纸媒受限于版面数量，无法更好地容纳多种声音，那么在新媒体时代，纸媒完全可以借助自身组建的新媒体矩阵，甚至只需要其中的某一个子账号来实现这一点。有研究者认为，媒介可以成为

① 中国社会科学院新闻研究所编：《中国共产党新闻工作文件汇编》（中册），新华出版社 1980 年版，第 483 页。

非常有效的教育工具，使受众不仅了解矛盾和冲突，更能了解人们为解决这些矛盾和冲突做出了哪些努力。媒介能够为普通公民、而不仅是专家和权威人士，提供论坛，使他们就公共问题实现对话。① 如果能做到这一点，纸媒就能在兼容并包、开放多元中使各种观点迅速而充分地得以展现、交流、碰撞，从而用较短的时间使各方达成共识，更好地推动舆论的自我净化进程。

**三、注重沟通、协商，以各方普遍接受且发人深思的观点引领舆论**

作为中介来梳理各方信息、包容多方观点，并不意味着纸媒不能对热点舆情直接发声。纸媒的观点本身就是多元声音中的一种，自有其存在的理由。更何况，在多年的新闻实践中，纸媒的观点已经具备很强的权威性，在面对敏感、复杂的问题时，一些公众可能一时间无法对其做出准确的判断，对于网络中的各种观点也会感到无所适从，这时反而会期待具有公信力的媒体发声来解惑，这也是媒体引领舆论的最佳时机。当然，并不是只要抓住这样的时机就一定能取得良好的效果，还需要考虑一些传播技巧，更多地以居中协商者而非官方代言人的身份分析问题、展开说理。

其一，注重各方观点的沟通、协商。

习总书记在中央政协工作会议暨庆祝中国人民政治协商会议成立 70 周年大会上的讲话中指出："在中国社会主义制度下，有事好商量、众人的事情由众人商量，找到全社会意愿和要求的最大公约数，是人民民主的真谛。"② 他同时强调要"广开言路，集思广益，促进不同思想观点的充分表达和深入交流，做到相互尊重、平等协商而不强加于人，遵循规则、有序协商而不各说各话，体谅包容、真诚协商而不偏激偏执，形成既畅所欲言、各抒己见，又理性有度、合法依章的良好协商氛围"③。这虽然是对政协工作的要求，但对纸媒的舆论引导工作也不无启发。移动互联网时代的公众，既是信息的接受者，也是信息的发布者，手中掌握的信息资源和信息渠道较传统媒体时代大幅提升，拥有了更多的选择权。同时，随着社会的开放，公众的质疑精神、主体意识也大为增强。

---

① 劳伦斯·萨斯坎德、帕特里克·菲尔德著：《如何应对愤怒的公众》，霍文利译，北京联合出版公司 2016 年版，第 284 页。

② 习近平：《习近平谈治国理政》（第三卷），外文出版社 2020 年版，第 295 页。

③ 习近平：《习近平谈治国理政》（第三卷），外文出版社 2020 年版，第 295—296 页。

在这种格局下，纸媒在对舆论热点发声时，就要对已有的各种观点有充分考量：某一观点是正确还是错误，是否有可取之处，哪些观点需要修正，哪些细节需要补充……这一系列问题都要考虑清楚。完成作品时也不能自说自话，而是要带领公众去分析这些观点，时刻考虑到公众可能的反应，在多种观点的“拟态协商”中提出自己的判断，才有可能得出各阶层普遍接受和认可的观点。如果只考虑自己观点的表达而无视其他既有观点，充其量只是为舆论场贡献了一种声音，至于这种声音是否能够为公众所认同、是否能有效地引领舆论，很难预料。

从实践来看，一些纸媒的评论之所以不受欢迎，大概率也是由于对相关舆论的无视，未能寻找到“全社会意愿和要求的最大公约数”。主持《人民日报》评论工作的评论大家范荣康曾对此提出批评：“在一些同志的观念上产生一种错觉，好像新闻评论不是从群众中来的，而是从中央文件上来的，新闻评论无须反映社会舆论，只需反映领导意图。于是，唯物论的反映论被丢掉了。实事求是的分析方法被丢掉了。评论工作者只需坐在办公室里，‘吃透’中央精神，就可以提笔作文。这就产生了许多‘演绎法评论’，从一个概念推论出另一个概念，空空洞洞，言之无物。”① 虽然这一论断是在 20 世纪 80 年代做出的，但是这种做法时至今日依然未被杜绝，某些纸媒评论的文章依然在犯同样的错误。今日的媒体环境较 80 年代已经有了翻天覆地的变化，这种操作在当前的舆论场中除了招致嘲笑，毫无意义。

基于此，纸媒在对某一问题直接发声时一定要考虑各方感受，回应各方关切，在沟通、协商中提出自己的判断，才能切实有效地引领舆论。研究者已经注意到了这个问题，“当下我们面临任何一个稍重要的话题，发声者既有党和政府视角，又有专家学者视角，还有普通百姓视角。其中最有影响力的声音，莫不出自这三种视角的‘互通点’或曰‘叠映面’”②。很明显，正是这种“互通”“叠映”，表现出社会生活中引人关注的话题所引发的各种思考中的精华，因而更全面，如能在此基础上进一步深入开掘，则会使观点更深刻、更具启发性。

其二，以事实本身的内在逻辑为核心展开说理。

① 范荣康：《新闻评论学》，人民日报出版社 1988 年版，第 182—183 页。

② 王武录主编《十四大以来〈人民日报〉评论研究》，河北大学出版社 2015 年版，第 100 页。

对于某些一味追求流量的自媒体来说，在后真相时代，情绪比事实更重要，“站队”比“站位”更重要，这也导致舆论场中充斥了大量因情绪、冲动带来的偏激、偏见，而这样的观点却往往受到追捧。勒庞对此做过形象的描述：“希望感动群体的演说家，必须出言不逊，信誓旦旦。夸大其词、言之凿凿、不断重复，绝对不以说理的方式证明任何事情——这些都是公众集会上的演说家惯用的论说技巧。”① 这一论断在当前的舆论场中不乏实例。这种做法为某些自媒体带来了点击率、带来了“10 万＋”点击量，但对于社会舆论的良性发展有害无益。

鉴于此，纸媒在直接发声引领舆论时，一定要坚持从事实出发，发现事实之间的关联，依靠事实本身内在的逻辑进行推演，以强大的逻辑力量去说服人，而不是以情绪去煽动人。这既是纸媒及旗下新媒体与单纯追求流量的自媒体账号之间应有的区别，也是体现媒体品格、体现媒体高度的必然选择——在感性大于理性的喧嚣声中，以事实，特别是被公众忽视的事实以及媒体人通过调查得出的事实为准绳对新现象、新问题进行鞭辟入里的分析，往往能发人所未发，言人所未言，得出令人为之一振的思想火花，引导公众进行深入思考。当然，这并不是说在说理的时候不能掺入任何情感，而是强调“度”的把握，把自己的情感、情绪控制在合理的范围内，在不影响说理的严密性和逻辑性的前提下用情绪引发共鸣，做到“以情动人，以理服人”。

“一方面，在复杂的社会环境中，人们只能获取少量且分散的一部分信息；另一方面，让公众通过某些途径行使知情权，进而有权评价某一事件及其影响，已经变得越来越重要。”② 美国学者伯内斯在 20 世纪上半叶提出的这一观点，对处于移动互联网环境中的中国社会不无启发，如果纸媒及旗下的新媒体平台能够充当这一“途径”，成为沟通各阶层、各利益相关方的“中介”，也许会从一个新的路径更有效地做好新形势下的舆论引领工作。

---

① 古斯塔夫・勒庞著：《乌合之众》，冯克利译，中央编译出版社 2017 年版，第 25 页。

② 爱德华・L. 伯内斯著：《舆论的结晶》，胡百精、董晨宇等译，中国传媒大学出版社 2014 年版，第 86 页。

## 第三节 把握舆论监督的“时度效”

舆论监督一直是媒体的重要职责，也是代表公众对社会进行监督的一个重要途径。改革开放以来，随着民主意识、维权意识的提高，公众参与社会治理的热情也日益高涨，对违法乱纪、以权谋私、破坏规则、不作为乱作为等问题高度关注，“渤海二号沉船事故”“大兴安岭火灾”等舆论监督类报道由此引发强烈反响，《人民日报》《南方周末》《中国青年报》等纸媒的舆论监督报道，中央电视台《焦点访谈》、中央人民广播电台《新闻纵横》等以舆论监督为主的节目也都引发了广泛关注。新媒体出现后，舆论监督有了更大的平台，发挥了更积极的作用，比如“网络反腐”成为近年来惩治贪腐案件的一个重要起点，众多网友接力，不断挖掘出新的有价值的线索，最终引发相关部门的注意，启动调查、问责程序，这种情况已非罕见。

需要注意的是，很多网友并未受过专业训练，也没有专门的时间去对一个线索进行详尽的调查，依据的是各方信息的汇总和自己的专业知识，而网络上的信息有相当一部分真假难辨，有可能将关注点导向错误的方向，或者浪费公众的时间。但是作为媒体，特别是传统媒体以及传统媒体创办的新媒体账号，相比网民有着更多的资源，从业者有更丰富的调查、采访经验，且工作性质就是专门进行信息的采集、加工，因而更有条件提供更多有说服力和可信度的材料。这些信息或者可以直接将问题反映清楚，或者可以为网友提供更多继续挖掘的坚实依据，通过媒体监督与互联网监督的合力，激浊扬清，去疴除弊。

作为党的重要执政资源，做好舆论监督，一直是纸媒承担的一个重要职责，不仅能及时反映社会生活中出现的不正常现象，为有关部门解决问题或出台相关政策提供参考，也能有效地反映民之所呼，使公众更好地体会到党“执政为民”的理念。在社会转型的关键期和矛盾多发期，新现象、新问题不断，有很多是以往不曾出现、未曾经历过的，只有快速地将这些现象与问题公之于众，才能使相关部门及时出台相关的管理办法，进而解决问题，使社会保持平稳运行。但从实践来看，很多传统媒体在进行舆论监督时面临着不少阻力，其中很重要的一点在于某些领导干部将舆论监督等同于“抹黑”，想方设法予以阻挠。

对于建设，包括舆论监督在内的监督体系的意义和建设方式，习近平总书记在多个场合都有清晰的论述。

2015 年 5 月 18 日，习近平总书记在中央统战工作会议上的讲话中强调："如果把监督当成挑刺儿，或者当成摆设，就听不到真话、看不到真相，有了失误、犯了错误也浑然不知，那是十分危险的。"①

2015 年 9 月 11 日，习近平总书记在十八届中央政治局第二十六次集体学习时的讲话中强调："能不能正确对待、自觉接受党和人民监督，是衡量领导干部党性修养水平的一个重要尺度。在我们的领导干部队伍中，有的同志虚怀若谷、从谏如流，热忱欢迎监督；有的同志能够接受监督，但只是就事论事地改正缺点错误，而不会举一反三完善自己；有的同志则不愿接受监督，甚至千方百计回避监督、抵触监督。我们党有严密的组织性和纪律性，党的根本宗旨是全心全意为人民服务，那么，接受组织和人民监督就天经地义。"②

2016 年 2 月 19 日，习近平总书记在党的新闻舆论工作座谈会上指出："从目前批评报道的实际状况看，既有新闻单位不大善于批评的问题，也有被批评者包括一些领导机关、领导干部不习惯不适应批评的问题。有些地方和部门遇到敏感复杂事件，习惯于采取'捂盖子'的做法，有的还通过宣传部门'灭火'。这种观念和做法在信息社会无异于掩耳盗铃。对舆论监督要有承受力，不能怕自己的'形象''利益'受到损害而限制媒体采访报道。"③

2016 年 4 月 19 日，习近平总书记在网络安全和信息化工作座谈会上指出："让互联网成为我们同群众交流沟通的新平台，成为了解群众、贴近群众、为群众排忧解难的新途径，成为发扬人民民主、接受人民监督的新渠道。"他强调："对网上那些出于善意的批评，对互联网监督，不论是对党和政府工作提的还是对领导干部个人提的，不论是和风细雨的还是忠言逆耳的，我们不仅要欢迎，而且要认真研究和吸取。"④

---

① 《习近平：不能自觉接受监督，就不具备当领导干部的起码素质》，中国共产党新闻网，http://cpc.people.com.cn/xuexi/n1/2017/0123/c385474－29042805.html，访问日期：2020 年 7 月 12 日。

② 《党员、干部都要按照"三严三实"要求鞭策自己》，载《十八大以来重要文献选编》（中），中央文献出版社，2016 年版，第 678—679 页。

③ 中共中央文献研究室编：《习近平总书记重要讲话文章选编》，中央文献出版社、党建读物出版社 2016 年版，第 426 页。

④ 习近平：《习近平谈治国理政》（第二卷），外文出版社 2017 年版，第 336 页。

2017 年 10 月 18 日，习近平总书记在中国共产党第十九次全国代表大会上的报告中指出："增强党自我净化能力，根本靠强化党的自我监督和群众监督。要加强对权力运行的制约和监督，让人民监督权力，让权力在阳光下运行，把权力关进制度的笼子。强化自上而下的组织监督，改进自下而上的民主监督，发挥同级相互监督作用，加强对党员领导干部的日常管理监督。"强调："构建党统一指挥、全面覆盖、权威高效的监督体系，把党内监督同国家机关监督、民主监督、司法监督、群众监督、舆论监督贯通起来，增强监督合力。"①

2018 年 1 月 11 日，习近平总书记在十九届中央纪委二次全会上强调："坚持党内监督和群众监督相统一，以党内监督带动其他监督，积极畅通人民群众建言献策和批评监督渠道，充分发挥群众监督、舆论监督作用。"②

从这些讲话中可以看出，党中央把能不能正确对待、自觉接受党和人民监督看作衡量领导干部党性修养水平的一个重要尺度，还多次强调群众监督、舆论监督、互联网监督的作用，把它们当作监督体系的重要组成部分，并要求领导干部以正确的态度对待这些监督。如果各级领导干部都能做到这一点，媒体的舆论监督将迎来更理想的外部环境，发挥更大的作用。

对于纸媒来说，进行舆论监督要解决的一个重要问题，就是如何理解"正面宣传为主"和开展舆论监督的关系。做好正面报道，弘扬社会正能量，鼓舞社会士气，凝心聚力，当然是必需的，但是并不意味着要放弃舆论监督。在近年的新闻实践中，一些报刊的纸质版乃至新媒体账号中，舆论监督类报道占比偏低，甚至有弱化的趋势，而微博、微信等自媒体则在某种程度上承担起舆论监督的任务。虽然某些爆料最终被证明为"谣言"，但仍然有不少人愿意关注这些平台上的同类信息，把它们当作舆论监督的主阵地。这种做法不仅使纸媒及旗下的新媒体流失了读者、用户，影响了报道的覆盖面，而且也加深了"官方舆论场"与"新媒体舆论场"的割裂，使人看不到纸媒在去除时弊上的努力，似乎只有发酵于新媒体舆论场的声音壮大到一定程度后才能引发纸媒的关注和

---

① 习近平：《决胜全面建成小康社会 夺取新时代中国特色社会主义伟大胜利——在中国共产党第十九次全国代表大会上的报告》，《人民日报》2017 年 10 月 28 日。

② 《习近平在十九届中央纪委二次全会上发表重要讲话》，中华人民共和国中央人民政府网，http://www.gov.cn/zhuanti/2018—01/11/content_5255713.htm，访问日期：2020 年 7 月 14 日。

跟进，才能在纸媒中看到舆论监督作品。这在一定程度上加大了公众对纸媒的疏离感。

习近平总书记在党的新闻舆论工作座谈会上指出："舆论监督和正面宣传是统一的。新闻媒体要直面工作中存在的问题，直面社会丑恶现象，激浊扬清、针砭时弊，同时发表批评性报道要事实准确、分析客观。"① 可见，只要舆论监督不以赚取流量、迎合情绪为出发点，而是客观公正地报道事实，为民立言，强调舆论监督的建设性，以揭露问题、解决问题、匡扶正义、激浊扬清为出发点，同样会起到维护社会稳定、疏解社会情绪的作用，推动社会良性发展。

当前，一些媒体的主管单位或政府部门以舆论监督会"影响党和政府形象"为由对舆论监督"灭火"，甚至要求新闻媒体少做或不做舆论监督报道，这其实是对舆论监督的误解。须知，影响党和政府形象的不是媒体的舆论监督这一行为，而是舆论监督指向的问题本身。如果只是一味地遮掩事实、封堵舆论而不去解决问题，甚至任由这一问题发展蔓延，久拖不决，不仅不利于构建党和政府"全心全意为人民服务"的形象，反而会让公众认为是有意偏袒某些丑恶，导致人心涣散甚至会激化社会矛盾、引发社会问题。相反，由新闻媒体积极展开舆论监督，指出社会中客观存在、公众反映强烈的问题，并由相关部门及时解决，才能真正扶正祛邪，产生正面效果。

特别是在移动互联网时代，公众的发声平台并不匮乏，报刊等主流媒体不能及时发声，公众就会寻求其他渠道来表达自己的意愿，而这些渠道可能会因种种原因出现杂音，对问题予以放大或煽动起某种情绪，处理起来更加棘手。有研究者指出，新闻报道的正面、负面应以效果而非事件本身的性质来衡量："坏事处理得好，批评有理、有利、有节，传播效果就是正面的；好事传播不好，因时机和方法把握不当，有时也会带来负面效果。现实中就有很多看似正面的报道，实际上脱离了人民群众的真实感受，传播效果却是负面的。"② 应该说，很多媒体人对此是有明确认知的，关键在于管理部门尤其是被监督的政府部门、相关组织负责人能否认识到这一点，能否理性地看待舆论监督、支持舆

---

① 习近平：《习近平谈治国理政》（第二卷），外文出版社 2017 年版，第 333 页。

② 《为什么说"舆论监督和正面宣传是统一的"?》，中国记协网，http://www.zgjx.cn/2020—04/08/c_138957187.htm，访问日期：2020 年 7 月 16 日。

论监督。

媒体通过新闻报道形塑的拟态环境是否最大限度地贴近现实，决定了公众对社会认知的准确程度。只关注社会问题和阴暗面，固然有可能导致公众对社会有较多的负面评价，甚至因此带来无力、悲愤、狂躁，但只报道光明、美好的一面，是否就一定能带来社会的和谐和积极向上？须知，即使在新媒体尚未出现的年代，人们认识世界的依据除了媒体的报道这个最广泛的信息来源之外，还包括自身的遭遇、亲朋好友间的人际交流。基于“好事不出门，坏事传千里”这样一个信息传播与接受的心理惯势，这些信息未必全部都是令人欣喜、振奋、愉悦的。如果此类信息在媒体当中全无体现，公众会如何看待媒体的报道，如何看待媒体？当这种光明与阴暗交织的个人体验与媒体上一派光明形成反差时，公众会更愿意相信内心的声音还是媒体的报道？答案恐怕不言自明。

对于纸媒来说，积极开展舆论监督，也是参与社会治理、疏解社会情绪的一个重要方式。在社会转型与矛盾凸显相叠加的大背景下，某个个体遭遇的不公很快会被有类似境遇的人关注到，放大成对某个系统甚至对整个社会运转的质疑，引发公众对公平、规则、秩序、道德、法治的诉求。这种情绪如果不能得到有效疏解，有可能积累成为对社会的怨气，甚至以某种极端的方式爆发出来，近年来一些网络舆情事件的发展演变过程已经充分地证明了这一点。在这样的背景下，作为党的一个组织、宣传部门，纸媒如果能够及时回应社会热点问题，对公众反映强烈，特别是自媒体舆论场中沸沸扬扬的事件展开报道、适时进行舆论监督，会使公众感受到执政党的各级党委机关报对民意的重视。如果这些舆论监督报道能够很快得到相关部门的回应，使问题得以解决，公众就会充分感受到党“立党为公，执政为民”的执政理念，认识到党和政府依法治国的信心。如此，因社会不公而产生的情绪在一定程度上会有所缓解，更有利于社会的平稳健康发展。

在这方面，一些纸媒已经积累了有益的经验。比如河北日报报业集团推出的网络问政平台——阳光理政，以损害人民群众利益的政风行风问题为关注点，为公众提供了反映问题、解决问题的平台，收到了良好的传播效果。

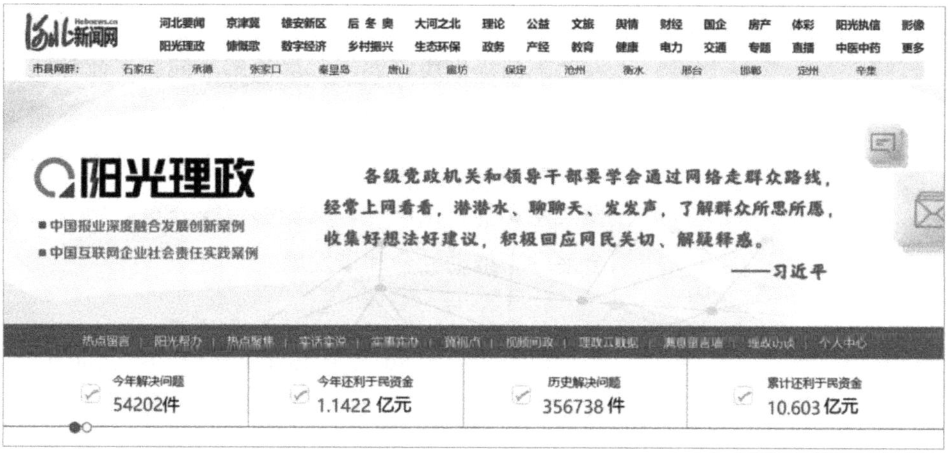


图 2-1　河北新闻网“阳光理政”专区页面截图（2022 年 8 月）

从操作来看，“阳光理政”提供了多种渠道方便公众反映问题，其网页对此有专门说明：

如果您想反映此类问题，可通过以下方式进行留言：

1. PC网页留言

http://yglz.tousu.hebnews.cn/login.html

2. 微信公众号留言

阳光理政官方微信主页下方“我有诉求”，河北日报官方微信和河北新闻网官方微信主页下方“阳光理政”专区提交投诉。

3. 微信小程序留言

微信小程序搜索“阳光理政”点击“我有诉求”留言。

图 2-2　阳光理政平台的留言方式

由于该平台以公众留言为主，为保证舆论监督的有效性，平台对于留言内容也有明确要求。

对于留言中那些公众反映强烈、有代表性的事件，阳光理政平台还会派出记者到现场进行深入采访，以详尽、客观的报道为有关部门提供决策参考，尽快解决问题。此类问政平台的出现，既为公众提供了反映问题的合理渠道，避免这些问题在商业媒体平台上的过度发酵引发无意义的舆论波动，又能够使媒介更好地参与社会治理，推动社会和谐发展。

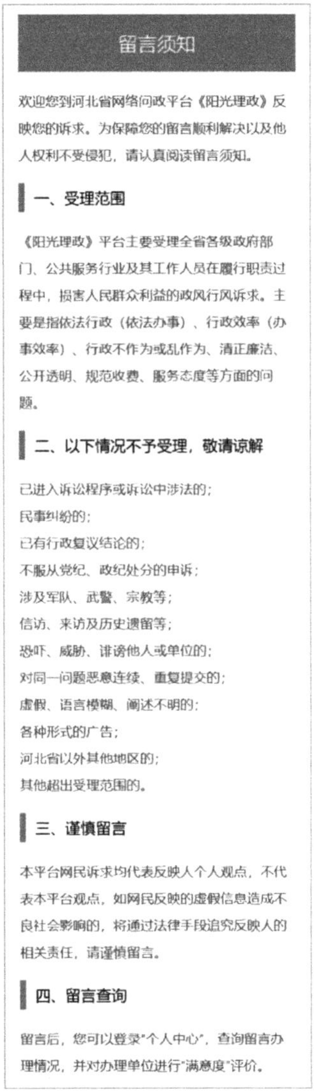
留言须知

欢迎您到河北省网络问政平台《阳光理政》反映您的诉求。为保障您的留言顺利解决以及他人权利不受侵犯，请认真阅读留言须知。

一、受理范围

《阳光理政》平台主要受理全省各级政府部门、公共服务行业及其工作人员在履行职责过程中，损害人民群众利益的政风行风诉求。主要是指依法行政（依法办事）、行政效率（办事效率）、行政不作为或乱作为、清正廉洁、公开透明、规范收费、服务态度等方面的问题。

二、以下情况不予受理，敬请谅解

已进入诉讼程序或诉讼中涉法的；
民事纠纷的；
已有行政复议结论的；
不服从党纪、政纪处分的申诉；
涉及军队、武警、宗教等；
信访、来访及历史遗留等；
恐吓、威胁、诽谤他人或单位的；
对同一问题恶意连续、重复提交的；
虚假、语言模糊、阐述不明的；
各种形式的广告；
河北省以外其他地区的；
其他超出受理范围的。

三、谨慎留言

本平台网民诉求均代表反映人个人观点，不代表本平台观点，如网民反映的虚假信息造成不良社会影响的，将通过法律手段追究反映人的相关责任，请谨慎留言。

四、留言查询

留言后，您可以登录"个人中心"，查询留言办理情况，并对办理单位进行"满意度"评价。

图 2-3　阳光理政平台的留言要求

## 第四节　以高质量的报道提供信息服务

无论是一个国家、一级政府，还是一个单位、一位个体，要想获得更好的发展，都需要在社会不断演进的过程中找准定位，确立发展目标和发展策略，并依据实际情况做出相应的调整。在这一动态的过程中，能否及时获取相应的信息，获取的信息是否准确、完整、清晰，在很大程度上决定着发展方向的确立和发展策略的可行性。如果依据的信息是片面的、模糊的，甚至是错误的，很有可能导致决策失误，徒劳无功甚至劳民伤财。在移动互联网时代，信息发布主体日益多元化，只要愿意，每位个体都有发声的渠道和平台，这使得信息空前丰富。海量信息在满足公众知情权与话语权的同时，也考验着公众的信息鉴别能力：哪些信息是可信的，哪些信息是可疑的；哪些信息是一叶障目不见泰山的，哪些信息是故弄玄虚耸人听闻的；哪些信息是由于发布者的站位而被有意歪曲的，哪些信息是由于发布者的知识结构所限而失之偏颇的……

很明显，一来大多数公众的媒介素养不高，对信息的批评、质疑意识不强，往往在某种被煽动的情绪下对某一信息深信不疑，甚至通过转发、分享等推而广之；二来公众也没有时间和精力对信息真伪进行筛选、甄别，对碎片化信息进行梳理、整合，以窥事件全貌。因而尽管身处信息的海洋，但是公众依然渴求高质高效的信息，原创的、深入浅出地反映事件原貌的信息仍是稀缺产品，依然会受到追捧。很多时候，新媒体平台只是提供了热度，只有配合真正有深度的高质量的信息，才能为公众提供决策参考。

《中国记者》杂志值班主编陈国权认为，正如人人都会做饭，但并非人人都能成为大厨一样，人人都可以是记者，但不可能人人都成为高端记者。以党报为代表的传统媒体，在媒介市场竞争中要做的就是提供高利润的高端产品，成为高端媒介。他认为，高端媒介应有三层含义：一是用特殊职能满足特殊需求，定位于特殊群体；二是提供独特价值，无法被别的媒介产品替代；三是内容与载体品质高、站位高，精耕细作，而非粗制滥造。① 在自媒体勃兴的当下，充分发挥自身在采编实力、消息来源等方面的优势，向高端媒介发展，应该是纸媒发力的一个方向。

要做到这一点，需要多方努力。

**一、精准策划，满足核心用户的核心需求**

在移动互联网环境下，海量信息不断涌现，热点事件轮换速度加快，如果不加甄别，仅仅是“追热点”一项，就足以使媒体从业者疲于应付。但是很明显，能让所有人同时感兴趣的热点事件寥寥无几，即使是对同一事件感兴趣的人，关注点有时也会有明显不同，被一些用户视若珍宝的内容可能会被其他用户弃若敝屣。在这样的背景下，所谓“优质内容”“高质量报道”已经是相对的概念，只有明确了自身的核心用户群，并根据其核心需求提供新闻信息，才算具备了生产优质内容、高质量报道的前提。换言之，提供高质量信息服务的第一步，就是精准识别自身的用户。

在越来越注重“垂直领域”甚至“重度垂直领域”的当下，无论是纸质版，还是纸媒的新媒体官方账户，以及旗下的二级、三级新媒体账户，都要明确自身的用户定位。一些纸媒构建的新媒体矩阵之所以效果不彰，一个很大的原因就在于各自的用户定位不清晰，导致内容的区分度不高，未能形成鲜明的特色。《智族 GQ》编辑副总监、报道负责人何瑫认为，当一个媒体的出发点是要覆盖尽可能多的读者的时候，“你的内容、自身调性、独特性、辨识度就会被大幅度

---

① 陈国权：《把报纸办成高端媒介》，https://mp.weixin.qq.com/s/2OwaYt9－lOPvXnO5RalhhA，访问日期：2020 年 7 月 18 日。

稀释，最后你的品牌价值也很难构建，然后你也没有竞争壁垒，你的东西很容易被别人模仿和复制”①。在内容稀缺的时代，覆盖尽可能多的群体是一个有效的操作手法，而在内容充盈、注意力稀缺的时代，深耕某一个群体，牢牢吸引他们的注意力，形成不可替代的竞争力，可能是一个更好的选择。

从这个意义上说，“少”就是“多”。能够对某一群体产生持续的吸引力，效果远超一哄而来又一哄而散。从报业集团的角度来看，如果旗下每个媒体、每个新媒体账号都能有一批忠实的追随者，其整体的影响力和话语权也会相应提升。

明确核心用户，一般是在媒体初创或改版时要做的工作，在日常的报道策划中，媒体更应该注重的是了解核心用户的核心信息需求，根据用户的核心信息需求确定报道的重点和表现形式。

在技术许可的条件下，尊重用户的主动权，为用户提供更多可供选择的个性化产品，也是满足用户核心需求的一个有效做法。2019 年 10 月 1 日，快手成为国庆 70 周年阅兵直播的转播平台。在此次直播中，快手依托多链路直播技术推出了锁链直播间，提供七路信号。副总裁余敬中介绍说，第一路是 CCTV-1 的大屏信号，其余六路通过个性化的机位提供个性化信号，想看哪路，用户自己说了算，自己点，自己换，用户就是导播。② 这种做法为用户提供了不同的观看视角，可以根据自己的兴趣做出选择，充分满足了用户的个性化需求。

在大数据时代，发现核心用户、了解核心用户的核心信息需求，往往不是靠过往的经验去预判、猜测，而是要结合对数据的分析。推出《奇葩说》等热门网络综艺节目的米未联合创始人、COO 牟頔介绍说，米未的节目都接受过数据的检验：任何一个节目在经过前期直觉性的验证后，导演组会做出一个 MVP 去做用户测试。用户测试不是让用户看完后说他喜不喜欢，而是会基于机器用镜头记录下他观看的整个过程，全程有多少次在玩儿手机、有多少次走神、有

---

① 微信公众号“腾讯媒体研究院”：《一晚 70 亿阅读量，单篇涨粉 17 万，GQ 打造爆款内容的幕后故事》，https://mp.weixin.qq.com/s/PjWBTqPVrpxPZIA5avb－3g，访问日期：2021 年 7 月 17 日。

② 参见微信公众号“新榜”《快手副总裁余敬中：我们把 70%的流量给了普通人》，https://mp.weixin.qq.com/s/P5TGm2nafYBX5JhhVv_6XA，访问日期：2020 年 7 月 23 日。

多少次大笑、有多少次皱眉头。更重要的是投放到平台上的时候，每一期都会获得数据的绿镜，会反馈出节目的高点在哪里、低点在哪里、高低点的共性是什么。当有一个产品之后，数据可以充分地反馈出哪里预设的东西错了，但前提是基于大数据、基于用户观看时拖拽、跳出、暂停等行为。米未就是基于这些数据了解用户，将数据和内容创作进行结合。① 在传统媒体时代，公众反馈信息、与媒体互动的渠道匮乏，技术条件也不允许获得如此直观的数据，使得很多媒体在进行新闻策划和新闻报道时更多的是依据过往的经验和自身的判断，但这样的经验是否适用、判断是否准确、公众是否认可，并没有一个直接验证的机会，导致很多报道在同一个问题上反复犯错。在大数据时代，这些信息往往一目了然，可以使策划者和报道者明白改进方向，提供更精准的信息服务，但关键在于媒体有没有主动通过大数据复盘报道、查漏补缺的意识。

明确了核心用户的核心需求，还要解决如何以高质量的内容生产满足这种核心需求的问题。随着公民素质的不断提高和社会发展过程中复杂问题的不断涌现，公众对专业化的声音和见解越来越重视，自媒体账号中也有相当多的专业人士积极发声。对于纸媒来说，解决这个问题，一方面要在采编队伍中打造一批专家型编辑记者，另一方面也可以借助“智库”参与到内容生产中，为公众提供真知灼见。

以《人民日报》（海外版）推出的微信公众号“侠客岛”为例，由于公众号内容涉及面广，为保证稿件的专业性，很多文章都是通过约稿来完成的。在接受《中国记者》杂志采访时，“侠客岛”团队成员“公子无忌”提出：“我们希望给舆论场提供更多理性声音，需要建设性和专业性的分析评论，因此必须找到各种专业的作者去谈专业的话题，所以稿子来源的多元性也是必然。”② 据其介绍，“侠客岛”的作者库主要由人民日报社的记者、社外的专家学者、用户等组成。其中的“用户”主要是指在“侠客岛”建立的多个用户群中发现的那些活跃的、能深入分析的人士。当然，约稿的风格未必与公众号的风格相匹配，需要对其进行改造以保持总体风格的统一，但这种方式大大提高了内容的专业

---

① 参见微信公众号“腾讯媒体研究院”《米未牟頔：〈奇葩说〉背后的内容生产观》，https://mp.weixin.qq.com/s/s00U5cyrLahjGHQJudNOMw，访问日期：2020 年 7 月 27 日。

② 陈国权：《“侠客岛”的“内功心法”》，《中国记者》2019 年第 8 期。

性和权威性。研究者认为，这种“专家撰写、编辑修改的生产模式”是“对媒体融合的积极探索，利用与盘活了党媒的新闻资源与专家资源”。①

精准策划，同样体现在报道形式上。在新媒体环境下，一个爆款产品会很快成为跟风的对象，引发无数账号的模仿。在这种情况下，媒体要有自己的定力，能够根据自身的定位去判断这一形式是否适合自己。比如，在资讯类短视频兴起后，很多媒体都跃跃欲试，但由于缺少足够的信息来源，往往是把其他媒体刊发的现场照片配上自己的文字和音乐做成视频。对此，澎湃视频没有盲目跟风，而是坚持“两个不做，一个必须”的原则：不做播报体视频，不做PPT新闻，每一条短视频必须要有核心视频画面。强调“为了做成视频而做视频”不是澎湃视频的初心，“新闻视频化”不是澎湃视频的追求，要求专注于新闻事件和当事人的核心画面，要“看见现场”，做“更适合”用视频展现事件进展的新闻。② 这种对报道品质的坚守、对新闻现场的追求，无疑将提高其竞争力。

从具体事件的报道策划来看，除了满足用户的核心信息需求，还要考虑以何种形式呈现出的内容最能吸引用户。2021 年，我国脱贫攻坚战取得了全面胜利，也成为巩固拓展脱贫攻坚成果同乡村振兴有效衔接的第一年。如何对脱贫攻坚这一伟大成就进行报道，成为各大媒体面临的一个重要任务，而如何使这样一个宏大主题的报道入耳入心，也成为媒体从业者需要重点考虑的问题。《广西日报》在该主题报道中另辟蹊径，除了对广西壮族自治区的脱贫攻坚进行报道外，还联合《内蒙古日报》《西藏日报》《宁夏日报》《新疆日报》四家民族自治区的党报，推出融媒体报道《各族同胞喜脱贫　唱支山歌给党听》，反映脱贫攻坚战中少数民族地区群众生活的变化。

五大自治区党报联手，以少数民族地区脱贫攻坚一线的典型人物和典型事件为报道对象，以普通人的脱贫故事反映脱贫攻坚这一宏大主题，展现出少数民族地区蓬勃发展的画卷，使这一组报道极具时代感和吸引力。此外，这五家报社还联袂推出 MV《唱支山歌给党听》，五地群众接力唱响这支歌，使报道的

---

① 王斌、张雪：《新型主流媒体影响力建设的内容生产路径——基于微信公众号“侠客岛”的研究》，《新闻战线》2019 年 6 月上。

② 参见孙鉴、徐晓林《更快看见现场：“澎湃视频”四大心法》，《中国记者》2020 年第 6 期。

影响力进一步扩大。得益于这一新颖的策划，该报道“多家媒体联动，传播载体更广泛、更多元，让重大新闻覆盖面更广，达到广度与深度传播统一的效果”①。

## 二、热点优先，事实为重

在“人人都有麦克风”的移动互联网时代，信息的发布越来越容易，很多新事件、新动向都会第一时间出现在社交媒体上。如果这些信息又恰巧触动了公众某种情绪或体现了某个痛点，就会迎来高点击率和转发率，借助裂变式传播成为热门话题、热点事件。在这种情况下，及时发现热点并选择符合自身定位的热点跟进报道，就成为很多媒体的发力方向。应该说，这种做法体现了媒体对用户需求的尊重、对社会问题的关注，只要不是刻意地炒作热点或者“蹭热点”，都是值得肯定的。

事实上，及时捕捉网络热点，围绕合适的热点组织相关报道，已成为当前很多媒体的常规操作。《南方日报》在其上午的采前会上，增加了网络监测人员依据网络热点提供采访线索这一环节。《凤凰周刊》主编周宇要求其微信公众号“凤凰 WEEKLY”团队“全力确保对热点最大程度的覆盖、最快的反馈。不管什么手段、什么表现形式，只要当天能给读者提供独特、独家的信息增量，那就是成功。我的要求是经常跑在同行的最前面，发稿最快”。②无论是传统媒体还是自媒体，这种常态化的操作使得其稿件特别是优秀稿件能够紧跟热点，在满足用户信息需求的同时也借助热点本身的热度吸引了更多关注，提升了自身的影响力。

当然，在这一过程中，很多媒体特别是机构媒体都敏锐地意识到，追热点的核心在于提供新的事实，用新的事实去验证、印证、充实既有信息，使公众对事件的了解更全面、认识更深刻。相反，如果像某些自媒体账号那样，看到某个热点热度上来之后急切跟进，不顾事实而一味贩卖情绪，很有可能会做出

---

① 徐平：《〈广西日报〉联动四自治区党报推出融媒体报道 各族同胞喜脱贫 唱支山歌给党》，中国新闻出版广电报网，https://www.chinaxwcb.com/info/570902，访问日期：2022 年 8 月 7 日。

② 微信公众号“腾讯媒体研究院”《〈凤凰周刊〉主编周宇：从传统杂志到微信百万大号，转型成功的秘诀是什么?》，https://mp.weixin.qq.com/s/PPXJ4KL0EVN__p7mP_WW6w，访问日期：2020 年 7 月 25 日。

错误判断，或是以某种情绪遮蔽了对事实的追寻，最终误导公众。“猛一看全网都在报，但核心的消息来源只有几个”的情形在当前的移动互联网环境下并非个例，甚至一些消息本身就是有问题的。越是在这种环境下，公众就越需要高质量的信息来释疑解惑，能否做到这一点，在某种程度上体现了一个媒体的品格。

“凤凰 WEEKLY”提出，再大的热点也要等事实，不要单纯地提供情绪、情感，而是围绕事实“尽最大可能让读者有收获，包括视野、视角、知识盲点、价值观等。恰恰这些听起来艰难的部分，是在热点来临时你区别于无数微信公众号的根本所在”。① 可见，热点优先不是盲目跟风，而是要以事实为基础，依据扎实可信的事实推出能够增加信息含量的作品，而非单纯发泄情绪。

需要注意的是，热点往往是各方利益交织的结果，又常常引发各界热议，公众从不同层面对一个热点事件展开分析或进一步爆料已成常态。对热点及围绕热点出现的众多碎片化信息持续跟进，用专业的眼光对相关信息进行筛选和分析，帮助公众完成信息拼图，避免错误信息误导公众，是机构媒体有效引领舆论的一个重要手段。彭兰教授认为，在分布式内容传播格局中，专业媒体要“运用其专业的思维、能力与业务手段，对碎片化信息进行整合，成为信息传播中的引导者”。② 在此基础上，面对一些更为复杂的热点事件，机构媒体更需要做的，就是运用自己专业的采访、调查能力，对事件进行深入的了解。

微信公众号“光谷客”的创办者在接受采访时提出：“一切真相都建立在多面的事实基础之上；当基于复杂事实的调查日益稀缺，所谓的事实分析与观点表达，如同盲人摸象，都只是站在各自经历背景的观念与利益立场上的自说自话，除了制造舆论的喧嚣和社会群体的分裂，并不能带来社会真相的洞察和社会理性共识的建构。”③ 从这个意义上讲，保持对热点的高度关注也是构建纸媒

① 参见微信公众号“腾讯媒体研究院”《〈凤凰周刊〉主编周宇：从传统杂志到微信百万大号，转型成功的秘诀是什么?》，https://mp.weixin.qq.com/s/PPXJ4KL0EVN__p7mP_WW6w，访问日期：2020 年 8 月 20 日。

② 彭兰：《新媒体用户研究：节点化、媒介化、赛博格化的人》，中国人民大学出版社 2020 年版，第 37 页。

③ 王继周、陈刚：《深度报道的时代遭遇与自媒体转场》，《新闻记者》2017 年第 4 期。

话语主导权的题中应有之意。“无论任何时代，媒体最宝贵的财富是它的公信力，而媒体公信力的建构，来自记者经过深入、严谨、专业的调查后，从解决信息不对称，建构社会理性共识的公共价值出发，所反映与提供的，是不受任何利益派系绑架的，客观、真实、独立、深入的多元化事实与因果逻辑的真相。”①很明显，大多数自媒体是不具备这种调查能力的，有些甚至缺少用事实、数据说话的意识，更多的是预设立场下的价值判断，以迎合自身的目标用户。有研究者认为，在挖掘真相的过程中，专业媒体因其“到达现场、探求真相的能力，穿越迷雾、核查事实的能力，透过表象，直达深层的解读能力”② 而不可替代。对于有采访资质的机构媒体来说，发挥采编队伍的优势，第一时间派遣人员抵达现场，以客观平衡的报道将相关各方的声音传递出来，在热点面前不缺席、不越位，既是考验，也是建构话语主导权的机遇。

### 三、坚守报道品质

面对新的媒介格局中的激烈竞争，一些媒体陷入了对“10 万＋”点击量的盲目追求，为了点击量、阅读数不惜降低报道品质甚至放弃职业操守，将此前“黄色新闻”的操作手法移植到新媒体平台来博取关注。但是对于一个有社会责任感的媒体来说，“10 万＋”点击量并不是报道的全部。

2020 年初，新冠疫情来袭，全国各地采取了严格的疫情防控措施。面对这一重大公共卫生事件，面对前所未有的停工、停学、封闭管理，微博、微信、抖音、快手等新媒体平台上的相关信息纷至沓来，数量不可谓不庞大，表现形式不可谓不丰富，推送时效不可谓不迅捷，在这海量信息播报平台激烈的竞争中，《财新周刊》脱颖而出。

《财新周刊》2020 年 2 月 3 日出版的第 4 期杂志，以《新冠病毒何以至此》为封面文章，从“现场篇：武汉围城”“病人篇：疑似者之殇”“解毒篇：溯源新冠病毒”“国际篇：全球共济”等多个视角，记录了武汉城内的真实境况，探讨了疫情的来源、发展以及各国合力抗击疫情的情况，以“37 位记者 4 万字全景调查”引发了广泛关注，不仅微信公众号和“财新”APP 上的相关报道引爆

---

① 王继周、陈刚：《深度报道的时代遭遇与自媒体转场》，《新闻记者》2017 年第 4 期。

② 彭兰：《新媒体用户研究：节点化、媒介化、赛博格化的人》，中国人民大学出版社 2020 年版，第 39 页。

网络，纸质版杂志也被抢购一空。此后以《抢救新冠病人》为封面文章的 2020 年第 5 期杂志同样如此，原价 30 元一本的杂志一度被炒到百元左右，以致第 6 期杂志开启预售模式以掌握印量、满足读者购买需求，又对第 4 期、第 5 期联合加印预售。

图 2-4 《财新周刊》2020 年第 4，5，6 期杂志封面及加印预售海报

在移动互联网时代，一本杂志的纸质版连续几期遭遇抢购，以致不得不以预售的方式确定印量、满足市场，这似乎是一个神话。然而神话的背后，在于这家杂志社以多元的视角对现实生活中重大问题的高度关切，在于其全景式调查提供的详尽而准确的事实。这些报道记录下了疫情初期武汉乃至中国的遭遇，珍藏一本杂志形同珍藏一段历史。更重要的是，这些报道为当时无所适从的公众提供了关于疫情方方面面的信息，既如实反映抗疫过程中积极的一面，又不讳言问题，提醒各部门在实际工作中应关注或改进的问题。同时，作为国内第一家尝试内容付费的媒体，“财新” APP 免费开放有关新冠疫情的稿件，在这些稿件被用户分享到微博、微信等新媒体平台的情况下，纸质版依然被抢购一空，可见公众对高品质信息的渴求，也可以视为对这家媒体的肯定与致敬。

新冠疫情期间坚守在武汉采访的财新传媒副主编高昱对此在微博中写道：“好多朋友问我在哪里能买到我们之前两期杂志，尤其是第一本《新冠病毒何至于此》，听说淘宝上都卖断货了。我也不知道，等回北京后自己还有没有一本都不敢说。好在这周末出的新一期应该还会有新冠封面，大家先预订吧。近来太多人下载了财新 APP，买了财新通和纸介杂志，谢谢对我们工作的支持，谢谢大家愿意为真相付费。我们不会让大家失望的。”很明显，“为真相付费”一语道破了财新杂志及其新媒体账号受欢迎的根源，而追寻真相正是专业媒体的优势所在。财新传媒总编辑胡舒立认为："世界上之所以有新闻业，不仅仅是为了传播新闻，更需要有人采集新闻、证实新闻。"① 在各种信息满天飞的情况下，财新始终坚持一线采访，坚持公正、平衡地报道事实，以审慎的报道赢得了采访对象的信任，获得了大量的一手信息，也因此在独家报道越来越难以获取信息的新媒体环境下推出了一篇篇有分量的独家报道。

诚然，这几期《财新周刊》杂志的热销只是特殊背景下的个案，在移动互联网时代很难成为常态化操作，但是这也提醒我们，在人人都有麦克风、新媒体平台上 UGC（用户生产内容）大行其道的背景下，专业的、严谨的、高质量的信息服务仍是不可或缺的，越是在重大事件面前，公众就越需要这样的信息，就越依赖这样的信息。无论是市场化媒体还是党报党刊，无论是纸质版还是新媒体平台，哪一家能持续稳定地输出高品质报道，哪一家就能赢得用户、赢得市场、赢得尊重。

## 第五节　讲好故事，引发共情与共鸣

习近平总书记在党的新闻舆论工作座谈会上指出："面对新媒体带来的深刻变化，新闻舆论工作理念、方式、手段还没有跟上，管好用好新媒体能力还不够强。面对受众阅读习惯和信息需求的深刻变化，一些媒体还是按老办法、老调调、老习惯写报道、讲故事，表达方式单一、传播对象过窄、回应能力不足，存在受众不爱看、不爱听的问题，时效性、针对性、可读性有待增强。"② 解决这些问题当然需要多方努力，从内容生产的角度来看，应对"不爱看、不爱听"问题的一个有效办法，就是用讲故事的手法展开报道，用故事引发公众的共情、共鸣，提升传播效果。

---

① 贾宸琰：《"新媒体还有没有传统，还要不要传统?"——对话财新传媒总编辑胡舒立》，载岳森、叶铁桥主编《转合：移动互联网时代媒体访谈录》，人民邮电出版社 2017 年版，第 240 页。

② 中共中央文献研究室编：《习近平总书记重要讲话文章选编》，中央文献出版社、党建读物出版社 2016 年版，第 419 页。

## 一、挖掘精彩故事，让硬主题“软着陆”

对媒体来说，重大时政报道、主题报道、成就报道等是阐释方针政策、展现时代风貌、记录社会发展进步成果的重要方式，历来受到高度重视，但是在实践中，这类“硬主题”却常常因其叙事过于宏大而失去吸引力。如何让这类作品接地气、吸引人？多关注事件中生动的人物，挖掘人物身上鲜活的故事，由公众真切可感的生活体验引发对重大主题的阐释，以小切口展现大主题，促使硬主题“软着陆”，是一个可以尝试的方式。

人民是历史的创造者，人类社会一切生产生活活动都是以人为主体展开的，都与人密切相关。无论新闻报道的题材多么重大，都离不开人的活动、人的创造，如果报道中只见事不见人，不仅会使报道本身不够全面、完整，也会失去对公众的吸引力。在新闻报道中，讲好人的故事、人的情感、人的言行，是打动公众的关键因素。在采访中深入挖掘这些关键因素，并尽可能体现在新闻作品中，将个体的命运、个体的遭遇与时代、社会关联起来，以小见大，以点带面，才能赋予作品打动人心的力量。

哔哩哔哩网站 CEO 陈睿认为，对于青年群体来说，高高在上的宣讲往往不如细节的渲染来得亲切，抽象的道理往往不如场景的展示来得生动，意义的总结往往不如现实人物的刻画更容易引起共鸣。B 站开创了一种新型表达方式的先河：贴近年轻人，贴近现代生活，贴近真实情感，换来的是越来越多的认可与鼓励。① 其实不唯青年群体，越来越多的公众在信息接收上都表现出这样的特质，这就要求机构媒体努力适应这种变化，以更多精彩的故事带动宏大叙事、重大主题。

比如，2020 年是全面建成小康社会和“十三五”规划收官之年，是脱贫攻坚决战决胜之年，那么，全面建成小康社会进程中有哪些亮点？“十三五”规划取得了哪些成果？脱贫攻坚成效如何？在纸媒的宣传报道中，这些都是要重点关注的问题。如果只是单纯地列举从各部门获取的数据，或摘抄一些总结材料，很难给公众一个直观的感受，容易产生隔膜感。为解决这个问题，很多纸媒都在想办法创新报道形式，其中《人民日报》在头版推出的系列报道“总书记来过我们家”，巧妙地选取了一个报道角度：习近平总书记每次考察调研，都要走

---

① 参见陈睿《打造新时代青年文化综合体》，《新闻战线》2018 年 10 月上。

进普通人家，问冷暖、看变化，听民声、谋发展，考察调研过后，“总书记看望过的人家，日子过得如何了？总书记牵挂的事情，办得怎么样了？”① 该系列报道以此为切入点，通过对这些普通人家的探访，反映其生活发生的变化，表现当地在脱贫攻坚、全面建成小康社会进程中取得的成绩，进而以点带面展现全国在这些工作上取得的成就。由于是从探访具体的个人和家庭入手，写来具体可感，鲜活生动，并且记者也特别注意通过细节描写和直接引语，通过小人物的生活反映整个社会的变化，呈现大时代中的小人物。以该系列报道的开篇之作《脱贫了还要好好干》（《人民日报》2020 年 1 月 5 日头版头条刊发）为例，作者回访了 2012 年 12 月 30 日总书记调研时走访过的河北省阜平县龙泉关镇骆驼湾村唐宗秀家，通过记录这一个家庭的变化，并配合相关的数据统计，反映了全村乃至全县脱贫攻坚取得的成效。文章从“吃穿不愁有钱花”“致富要靠自己干”“产业壮了人气旺”3 个层面反映了唐宗秀一家和骆驼湾村的变化，每一个层面都使用采访对象的直接引语，令人信服地表现今昔对比，并以细腻的观察捕捉到采访对象的细微动作。比如：

> 再到厨房转一圈，愣没找到农家常见的腌肉罐。见记者不解，唐宗秀咧着嘴笑着说：“以前过年才买点肉，初一包顿饺子，剩下的做腌肉，平时过节解解馋，现在啥时候想吃肉就买新鲜的。以前是心心念念想吃肉，如今倒是隔几天还想吃点玉米面糊糊。”

以“腌肉罐的消失”这一细节，以“心心念念想吃肉”到“隔几天还想吃点玉米面糊糊”这一直接引语，形成了鲜明的对比，直观地印证了“吃穿不愁”，反映了唐家生活上的改善。在“产业壮了人气旺”这一小标题之下，同样注重引语和动词的使用。

> “俺爹过去一天喝三顿酒，解乏消愁。现在日子红火，晚上回来喝一杯，心里舒坦！”唐宗秀的三女儿陈三妮忍不住笑。
>
> 陈德印滋溜一口“枣杠子”酒，抿嘴笑笑，打开收音机听起梆子戏。

---

① 《开栏的话》，《人民日报》2020 年 1 月 5 日。

往年这时候，三妮儿还在城里忙挣钱，眼下为啥待在村里？

这些年，阜平县在骆驼湾等村发展香菇种植，建成食用菌产业园 98 个，带动 6620 户贫困群众户均年增收 1.7 万元；发展苹果等高效林果 8 万亩，带动 9459 户贫困群众户均年增收 9000 元。借天然的绿水青山，阜裕公司租用骆驼湾闲置农房，发展民宿旅游，建起美食街、小茶馆等，引来八方游客。

黄土开始“炼”成金，抓挠着三妮儿这些外出年轻人的心。

这些颇具画面感的细节描写，令人仿佛置身唐家小院看到了这一幕温馨的日常；适时插入的数据，则悄无声息地说明了小村庄为什么会“抓挠着外出年轻人的心”。由此，一个家庭、一个村庄、一个县脱贫前后的变化跃然纸上。这种变化不只是单纯依托数据来呈现，而是由新闻当事人来讲述，以人的变化来展现脱贫成果，让公众体味脱贫攻坚给普通人带来的实惠，因而读来真实可信、具体可感。如此操作，使新闻因人而生动，使成就报道这一“硬主题”有了直抵人心的“软着陆”方式。

获取精彩故事，除了媒体从业者的挖掘，还可以借助新媒体平台的资源。随着技术的演进，越来越多的普通人通过微博、微信特别是短视频平台记录自己的日常，展现周围的生活，这些内容中有相当一部分原汁原味地呈现了社会发展中的新情况、新变化，而且更贴近普通人的生活和情感。有研究者认为，这些内容虽然有设计和表演的成分，但“更多地带有生活的底色，也更容易唤起普通用户的共鸣与代入感”①。如果能对这些内容进行筛选、甄别，择优运用到机构媒体的报道中，也会使新闻作品具有打动人心的力量。快手科技副总裁龙安介绍说，快手已经在内容层面与主流媒体进行深度合作，提供优质选题和报道素材。如 2018 年，全年向《人民日报》、新华社、央视新闻等 20 家主流媒体提供了 1000 多条精编视频；2019 年上半年，联合《人民日报》、新华社、央视新闻等开展正能量内容合作 158 次，主题征集 101 次，活动总播放量达 140 亿

① 彭兰：《新媒体用户研究：节点化、媒介化、赛博格化的人》，中国人民大学出版社 2020 年版，第 59 页。

次。[①] 这些来自普通人的创作既丰富了主流媒体的传播内容，又以不同于主流媒体的手法和理念从不同视角记录社会的发展与进步，同样会给公众带来新鲜感。如果对这些素材运用得当，主流媒体的硬主题会变得更为生动、更具生活气息。

**二、创新表达方式，强化共情与共鸣**

不论是记者挖掘还是用户提供，有了好的故事，还要考虑如何呈现这个故事、如何讲好这个故事。特别是在移动互联网环境下，新的传播渠道不断涌现，而不同的渠道有不同的风格，如果还是沿用过去的叙事方式，很可能会使好故事明珠暗投，发挥不了应有的作用。曾经担任搜狐新闻中心副总监、后来创办微信公众号“摩登中产”的王鹏认为，新媒体不光是一个崭新的渠道，更是一个复杂的生态。新媒体内容应符合生态的特性。[②] 只有根据各渠道、各平台不同的特性去调整、创新表达方式，才能吸引不同的用户。

人民网常务副总编辑赵强以网评为例，讨论了新媒体带来的种种变化：“网络媒体社交化、移动化、可视化倾向日益凸显，网评的打开场景、读者特征与呈现方式出现新的变化，受众呈现出随意性大、容忍度低、情绪化强等特征。”[③] 不独网评，其他新闻作品也面临着同样的变化。这就要求新媒体平台上的新闻作品努力以人格化的方式与用户进行交流，特别是传统媒体在向新媒体转型的过程中，要在以往强调“高度、深度、力度”的基础上增加一些“温度”，更加注重与用户的情感交流，更加注重对社会情绪的关注与回应。

在微博、微信等社交媒体平台，众多用户的持续转发，往往会引发内容的裂变式传播，其中的关键，就在于对用户情绪的调动。王鹏认为，用户不光是阅读者，还是传播的接力棒，只有触动用户，使其愿意主动分享，内容的传播才能最大化。因此，他提出新媒体人要“从以自我为中心的讲述者变成大众情绪的调度者”，开篇要将用户带入特定的情绪环境，中篇要做情绪的蓄势，收尾要做到情绪与用户的共鸣，才能引发大规模转发，生产出“10 万＋”和“100

---

① 参见龙安《做正能量传播的推手和媒体融合发展的帮手》，《新闻战线》2019 年 12 月上。

② 参见王鹏《摩登中产的怀旧味道来自哪里》，载吴晨光主编《自媒体之道》，中国人民大学出版社 2018 年版，第 140 页。

③ 赵强：《人民网评：为什么评、评什么、怎么评》，《新闻战线》2019 年 11 月上。

万十”的爆款内容。[①] 很明显，传播范围越大，作品的影响力才会越突出，而那些具备持续生产爆款内容的媒体才能取得更大的社会号召力。

当然，这并不是说新媒体的新闻作品要抛弃客观、中立、理性等特质而一味追求情绪化表达，在任何时代，贩卖情绪、贩卖焦虑都不是一个有责任感的媒体所追求的，此类媒体所强调的一定是与公众的共情、共鸣而非煽情。人民日报社新媒体中心社交媒体运营室主编徐丹认为，与用户共情，并不是简单地同情、煽情、纵情，它是深入他人的思想、从他人的角度体验世界，与他人产生共鸣，因此具有更强的精神穿透力，与之伴随的行为意志也更为坚决。[②] 只有对特定用户有深入的理解，对社会情绪有深刻的体察，对作品的情绪表现有高度的控制力，才能做到这一点。

在操作层面，为拉近与公众的距离，吸引忠实粉丝，很多新媒体账号都注重作品的“情感增量”。由《北京青年报》评论员成长为微信公众号“团结湖参考”主编的蔡方华，从自身的经验出发，指出了纸媒与公众号写作的一个显著区别：“我刚开始写时评的时候，受到的第一个教育，就是文章里面不许用‘我’这个字。”而同为评论文章的“团结湖参考”，则强调“为读者提供情感增量与提供信息增量同样重要，第一人称一定要出场”。[③] 从纸媒时代对第一人称的隐忍到新媒体时代的彰显，这一变化说明以“我”“我们”等第一人称与公众展开交流，更符合社交媒体平台的特性，也能让公众感知到公众号有血有肉的形象，更能满足公众的情感需求。

### 三、把控叙事节奏

在生活节奏越来越快的当下，公众特别是一线、二线城市中的公众已不太可能拿出一小时以上的完整时间来获取信息，碎片化的阅读或观看成为常态，即便时间较为充裕，面对网络中的海量信息，公众也会试图在短时间内获取尽

---

① 参见王鹏《摩登中产的怀旧味道来自哪里》，载吴晨光主编《自媒体之道》，中国人民大学出版社 2018 年版，第 142—143 页。

② 参见徐丹《从“懂我”到“有我”——移动融合时代人民日报法人微博的再创新》，《新闻战线》2019 年 7 月上。

③ 崔慧莹：《为鼓励做好公众号，〈北京青年报〉已经奖出 200 万元》，载岳淼、叶铁桥主编《转合：移动互联网时代媒体访谈录》，人民邮电出版社 2017 年版，第 182 页。

可能多的内容。甚至一贯被视为休闲放松方式的网上追剧，一些年轻人也开启了2倍速、3倍速的观看模式。这种情况提示纸媒，不管在哪个平台发布信息，不论是用文字、图片、视频、音频哪种形式呈现内容，都需要适应这种变化，把控好叙事节奏。

把控好叙事节奏，最重要的是保证信息提供的高密度。《中国新闻周刊》副社长兼总编辑王晨波认为，社交媒体对于眼球的争夺已经白热化，“如果在3秒内没有抓住受众，那么再好的内容也是枉费”。① 这就要求作品能够在有限的时长或篇幅里集中呈现具有吸引力的内容。“凤凰WEEKLY”要求其文章“只写故事和有意思的东西，除此之外一句废话不说——不耽搁读者任何时间，绝不打断读者阅读节奏”②。很明显，只有手中掌握了足够多的信息（无论是事实信息还是意见信息），才有底气在作品中不注水、不穿靴戴帽，始终保持快节奏的内容推进，以内容本身的精彩和丰富来吸引用户，以信息提供的高效率降低用户的时间成本，留住用户。

特别是在短视频平台，这个特点更为明显。有研究者指出，短视频类新闻报道需要采用“核心信息前置”的叙事模式，“在开头将最重要、最精彩的核心内容呈现给受众，再将次要信息以及与新闻相关的背景信息传达出来，从而突出报道重点、在第一时间抓住用户”。③ 在叙事过程中也容不得一丝拖沓，要以大量“干货”不断保持作品的吸引力。Papitube COO霍泥芳认为，抖音很多时候更像是一个视频化的梗，抖音按秒计算，如果有废话，就会被直接划走。④对于短视频来说，如果开头的几秒钟不能吸引用户，就很难保证完播率，而一个账号的视频多次被用户划走之后，就很难再次被推荐，自然也很难产生影响力。

当然，并不是说文章篇幅越短越好、视频时长越短越好，不同的事件、不

---

① 王晨波：《媒体进化论：内容的腐朽和神奇》，《新闻战线》2019年7月上。

② 微信公众号“腾讯媒体研究院”：《〈凤凰周刊〉主编周宇：从传统杂志到微信百万大号，转型成功的秘诀是什么?》，https://mp.weixin.qq.com/s/PPXJ4KL0EVN__p7mP_WW6w，访问日期：2020年7月20日。

③ 陈孟、孙怡、沈嘉、王子乔：《媒体融合语境下的短视频》，微信公众号“腾讯媒体研究院”，https://mp.weixin.qq.com/s/FamDs480vGExY6PJX2—Mvw，访问日期：2020年7月22日。

④ 微信公众号“新榜”：《抖音号如何从0做起？几位操盘手分享了运营技巧》，https://mp.weixin.qq.com/s/iJWvuy3MD4SQZt_iJqCn7g，访问日期：2020年7月22日。

同的体裁、不同的定位和不同的用户群体等综合因素决定了一个新媒体账号发布作品的篇幅和时长，一味求短有时未必能全方位地反映事件、满足不同用户的信息需求。想要满足大部分用户的信息需求关键在于，整个作品的叙事能否保持快节奏和高效率，以对抗用户随时可能放弃阅读、收听、观看的冲动。

比如，在几十秒甚至十几秒的短视频大行其道的同时，一些时长 1—30 分钟的中视频也吸引了大批拥趸。与长视频相比，中视频更容易满足用户利用碎片化时间获取信息的需要；与短视频相比，中视频的信息含量更大，更具深度。但是，如果操作不当，把中视频变成短视频的“注水版”，或是长视频的“等比例压缩版”，就会变成鸡肋。内容精彩、制作精良的中视频都高度重视叙事的节奏、脚本的写作、画面的切换、解说的语速等，努力满足用户的需求。像视知传媒对作品的分镜提出了具体的要求：平均每分钟 8—12 个镜头，尽量做到切换步调一致，最短不少于 3 秒，最长不超过 8 秒。[①] 这种操作保证了用户对重要镜头的关注，还能通过快速的切换调动用户继续观看的兴趣。

需要注意的是，大多数情况下，用户通过新媒体平台接受信息时，利用的往往是碎片化的时间，所处环境有时也是嘈杂的，注意力很容易被干扰。在这种情况下，无论是文字还是视频中的解说词，如果大量使用长句，是不利于用户快速接收和理解相关信息的。因此，除非选择在午间或晚间休息时段推送作品，其他时间段的推送尽量使用短小的句式、通俗的语言，以保证用户对内容的快速理解。

总体而言，帮助用户节省时间，是把控叙事节奏时一个大的原则和方向。在这方面，微信公众号“侠客岛”的做法值得借鉴。从推送数量上看，该公众号秉承“少即是多”的理念，每日推送文章仅一至两篇，保证每日精选文章的阅读量，避免一日多次、每次多篇推送给用户带来的阅读压力。从稿件写作来看，研究者发现，其文章标题多采用栏目化的策略：呈现核心事实，并告知读者该事件的重要性与独特性，点明读者与该事件的联系，形成了“栏目名称＋新闻事实＋新闻价值”的表述形式，如《【解局】经济＋反腐，今天的政治局会

---

① 参见马昌博《解密视知 TV：知识短视频一哥诞生记》，载吴晨光主编《自媒体之道》，中国人民大学出版社 2018 年版，第 95 页。

议不一般》① 等。这种既在标题和导语中告知新闻事实，又强调这一事实核心价值的方式，方便用户在短时间内做出是否继续阅读的判断。从排版来看，由于注重文章的深度，“侠客岛”中的长文居多，为方便阅读，往往通过关键词将文章分为不同的板块，便于用户在总体上把握各部分的侧重点和逻辑关联。一些重点内容，则通过加粗或标红的方式予以突出。这些做法都有利于帮助用户快速掌握重要的信息，使文章在快节奏的推进中给人留下清晰的印象。

① 王斌、张雪：《新型主流媒体影响力建设的内容生产路径——基于微信公众号“侠客岛”的研究》，《新闻战线》2019 年 6 月上。

# 第三章　拓展渠道：以多元的传播途径抵达公众

移动互联网的兴起，为公众提供了随时随地可以接收信息的移动终端，打破了电视机、台式电脑等传统的信息接收设备携带不便的限制，而与报刊纸质版、收音机等便携终端相比，智能手机、平板电脑又提供了多样化的信息传播方式，图、文、音频、视频等多种传播手段均可呈现在小小的一方屏幕上，带给公众更丰富的体验。这使得智能手机、平板电脑成为公众最方便、最依赖的信息接收设备，也导致电视开机率逐年降低，报刊特别是市场化报刊的订阅量总体上呈不断下滑趋势，关停纸质版的操作已司空见惯。同时，新的渠道也不断催生着新的传播理念、传播形态，提供了越来越多元化的信息产品，这也导致传统媒体的受众不断流失。

2019 年 1 月，习近平总书记在主持中共十九届中央政治局第十二次集体学习时指出："人在哪儿，宣传思想工作的重点就在哪儿，网络空间已经成为人们生产生活的新空间，那就也应该成为我们党凝聚共识的新空间。"① 为此，要"坚持移动优先策略，建设好自己的移动传播平台，管好用好商业化、社会化的互联网平台，让主流媒体借助移动传播，牢牢占据舆论引导、思想引领、文化传承、服务人民的传播制高点"。② 主流媒体不仅要借助移动传播平台发布信息，还要通过自身的信息发布完成引导、引领的职能，这一论述既是新形势下对传统媒体提出的新要求，也为传统媒体指明了发展方向。

移动互联网的出现，改变了信息发布的格局与媒介生态，传统媒体不仅在

---

① 习近平：《习近平谈治国理政》（第三卷），外文出版社 2020 年版，第 318 页。

② 习近平：《习近平谈治国理政》（第三卷），外文出版社 2020 年版，第 318 页。

发行量、收视率等方面受到很大影响，引领社会舆论的功能也受到挑战。有分析者认为，在传统媒体时代，媒体的舆论中心地位“是靠对信息传播渠道和话语权的垄断来实现的”①。很明显，互联网和移动互联网的出现，打破了这种垄断，使得传统媒体的信息传播渠道优势不断消解，受众的流失成为不可回避的现实，也使得传统媒体与新兴媒体的融合发展成为必然。对于长期作为媒体排头兵的党报来说，如何在移动互联网环境下重构渠道优势，既是媒介融合发展的内在要求，也是做好新形势下舆论引导工作、掌握话语主导权的一个关键环节。

## 第一节 移动互联网环境下纸媒拓展渠道的意义

统计数据显示，我国党报网站开通率达 93.4%，入驻聚合新闻客户端和微信平台的党报均超过 80%，自建新闻客户端的党报达 76.1%，入驻微博平台的党报达 73.5%，半数党报开通了抖音号。② 这组数据直观地表现了党报在媒介融合的发展历程中，通过不同渠道发布信息，以赢得用户、服务用户所作的努力。

### 一、拓展渠道是纸媒应对原有渠道“失灵”的必然选择

在相当长的一段时间内，发行都是纸媒的新闻产品抵达用户的一个最重要甚至唯一的渠道，无论是自办发行还是邮政发行，强调的都是纸质版的递送效率和覆盖范围，以此来赢得受众的订阅，进而实现预期的传播效果。即使是在互联网进入中国的初期，一些报业集团推出了自己的网络版，一些商业网站开始出现，但在当时对于纸质版的发行并未形成严峻的挑战，纸质版仍然有自己强大的生存能力和生存空间，这一点从遍布城市街头的报摊和穿行于街巷的投递员忙碌的身影中可以得到印证。

进入新世纪以来，随着互联网技术的不断演进，商业网站推出的新闻产品越来越具备吸引力，传统的纸媒读者逐渐流失，报刊特别是一些晚报、都市报

---

① 参见王继周、陈刚《深度报道的时代遭遇与自媒体转场——微信公号“光谷客”和“孙旭阳”访谈》，《新闻记者》2017 年第 4 期。

② 参见陈昌凤《以全媒体战略构建新时代传播体系》，《新闻战线》2020 年 3 月上。

的发行量出现下滑，移动互联网技术和智能手机的出现，则加速了这一趋势。一个直观的表现，就是曾经遍布城市街头的报摊的消失和穿梭于城市中的自办发行队伍的日渐缩减。更重要的是，在某种程度上，信息传播渠道的发展与内容生产的创新是互为因果、互相推动的，在这种信息生产格局中，纸媒要想赢得话语主导权，首先要做的就是摆脱对纸质版的绝对依赖，不断拓宽传播渠道，通过对不同渠道的渗透实现对不同层面公众的分层覆盖，通过掌握不同渠道的信息发布规律创作出适应各渠道特性的高质量新闻产品，不断提升用户数量，从而扩大自身的影响力和号召力。

喻国明教授认为，互联网时代开启了个人寻找信息的便利性，同时也开启了信息找寻人的便利性，双向互动是互联网对信息传播渠道的最大贡献。① 同时，互联网的兴起造成了渠道跟内容之间的二元分离，“内容生产过去是掌握渠道的，今日不比往昔，现在主流媒介最大的一个痛苦就是渠道越来越不掌握在自己手里，流量越来越不掌握在自己手里，用户在哪儿都已经不知道了，这就是二元分离了”。② 在内容生产掌握渠道的时代，渠道相对单一，内容往往也是稀缺的，好的内容很容易引发广泛关注，质量一般的内容也会有一定的关注度。但是在内容与渠道分离的情形下，渠道的不断丰富也伴随着内容的不断增多，内容生产者无法继续通过特定的渠道将内容送达给用户，用户选定某一渠道也并不意味着会选定其中的所有内容（事实上在海量存储的互联网环境下用户也无法穷尽一个渠道或一个平台上的所有内容），用户的主动选择和算法推荐的结果往往决定了某一内容能否引发关注。在这种情况下，多渠道推送就成为内容发布的一个现实选择，很多时候，多一个渠道，就为内容增加了一分抵达用户的可能。当然，这并不是说把同一内容简单地搬运到某一渠道中就可以，而是要根据不同渠道、不同平台的特性对内容进行相应的加工，使其更好地适应用户的需求、赢得用户的关注。

2019 年 1 月 25 日，习近平总书记在主持中共十九届中央政治局第十二次集

---

① 参见曲慧《喻国明：“信息茧房”的锅，算法推荐不能全背》，微信公众号“腾讯媒体研究院”，https://mp. weixin. qq. com/s/3Xy56aj6ZfYIgjF—lgIZkg，访问日期：2020 年 8 月 3 日。

② 林沛：《喻国明：主流媒体最大的问题就是“封闭”》，微信公众号“传媒茶话会”，https://mp. weixin. qq. com/s/NF8uzQPSjLTnNq_aqyyTBg，访问日期：2020 年 8 月 3 日。

体学习时指出，“党报、党刊、党台、党网等主流媒体必须紧跟时代，大胆运用新技术、新机制、新模式，加快融合发展步伐，实现宣传效果的最大化和最优化。”① 他要求媒体“加强传播手段建设和创新，发展网站、微博、微信、电子阅报栏、手机报、网络电视等各类新媒体，积极发展各种互动式、服务式、体验式新闻信息服务，实现新闻传播的全方位覆盖、全天候延伸、多领域拓展，推动党的声音直接进入各类用户终端，努力占领新的舆论场”②。可见，纸媒努力适应渠道多元化的现实，争取通过尽可能多的渠道来传播事实、观点和主张，使之抵达更多的用户，才能更好更有效地引领舆论。

由此，媒介融合发展、构建全媒体传播格局就成为纸媒的一个必然选择。从实践来看，一些起步较早的纸媒已经取得了可喜的成绩。2020 年 3 月，人民日报社副总编辑许正中撰文指出，《人民日报》已由一份报纸，转变为全媒体形态的“人民媒体方阵”，拥有报、刊、网、端、微、屏等 10 多种载体，综合覆盖受众超过 9 亿。具体情况如下图所示：

图 3-1　《人民日报》新媒体矩阵发展状况③

---

① 《推动媒体融合向纵深发展　巩固全党全国人民共同思想基础》，《人民日报》2019 年 1 月 26 日。

② 习近平：《加快推动媒体融合发展 构建全媒体传播格局》，《求是》2019 年第 6 期。

③ 许正中：《提升“四力”构建全媒体传播格局》，微信公众号“中国记协”，https://mp.weixin.qq.com/s/yiVOSPO1UrEbnvi2RpYihg，访问日期：2020 年 8 月 4 日。

许正中也对《人民日报》旗下新媒体发展状况做了进一步说明：

《人民日报》客户端下载量突破2.61亿，据第三方研究机构数据，活跃度在主流媒体创办的客户端中位居首位。

《人民日报》法人微博在新浪微博粉丝数突破1.14亿，成为新浪微博首个粉丝数过亿的媒体微博账号，连续7年保持中国媒体第一微博的影响力。

《人民日报》微信公众号用户订阅量超3200万，传播指标及综合影响力在所有微信公众号中稳居第一。

《人民日报》抖音账号上线1年多，关注数突破8000万，在抖音所有账号中高居第一，多条短视频刷新抖音平台传播记录。

《人民日报》客户端地方频道加大在各地区运营和推广力度。

《人民日报》英文客户端用户自主下载量和活跃度稳步攀升，海外用户占比达71.2%，居国内主流媒体英文客户端第一阵营。

“人民日报+”短视频客户端上线以来，受到了互联网业界和用户的广泛关注。①

当然，这些数据也在不断更新中，比如《人民日报》抖音号的关注人数已突破1亿，成为首个关注人数破亿的抖音号。与这组数据形成对照的是，《人民日报》纸质版的发行量虽然在不断增长，但也只有300多万份。试想，如果仍然以纸质版为载体，《人民日报》的综合覆盖受众如何达到现今9亿多的规模?

## 二、拓展渠道有利于通过分层覆盖，达到传播效果的最大化

信息的丰富多元培养着公众的个性化需求，当这种需求扩大到一定规模时，又推动了信息产品更进一步的细分与差异化呈现。改革开放以来，随着物质生活水平的逐步提高，人们对精神文化产品的需求愈发精细，不同年龄、不同阶层、不同阅历、不同受教育程度的公众发展出不同的兴趣与关注点，反映在文化领域，则表现为与不断发展的主流文化相伴而生的社会亚文化的兴起。尽管

---

① 许正中：《提升“四力”构建全媒体传播格局》，微信公众号“中国记协”，https://mp.weixin.qq.com/s/yiVOSPO1UrEbnvi2RpYihg，访问日期：2020年8月4日。

与某些国家亚文化试图对抗主流文化的做法有所不同，我国的亚文化呈现出与主流文化的某种包容、和解态势，但二者毕竟存在较大差异，不能将亚文化完全归诸主流文化。自然，亚文化群体的信息需求也很难通过大众传媒得到满足。即使是亚文化中某些相对比较容易被接受的类型（如跳伞、深潜、跑酷等小众运动），其拥趸所需要的信息也很难在传统意义上的大众传媒中得以满足，更何况一些更小众的个性需求（如变装、鬼畜等），大众传媒基本上不会对此类信息有所涉及，其爱好者只能通过新媒体平台（如 QQ 群、贴吧、微信群等）完成信息交流。

即使是主流文化，由于其内容丰富多样，也很难通过一个渠道得以呈现，而不同类型的公众对信息的需求也千差万别，媒体对此也早有体察。20 世纪八九十年代，很多报社纷纷创办子报子刊，电台、电视台相继创办专业频率、频道，正是要通过对受众的细分满足公众的信息需求差异。这种做法在公众信息需求差异初显的时期是够用的，也取得了很好的市场回报，但在几十年后，公众已经不满足于对信息的粗略划分，生活节奏的加快也使得公众用于获取信息的时间进一步压缩，公众更乐于用最少的时间直截了当地获取自己感兴趣的核心信息，而不是在一个根据相关性框定的圈子里去寻找自己感兴趣的内容。《北京青年报》总编辑余海波曾提出一个值得思考的问题：就算是一份你最喜欢的报纸，你会从第一版看到最后一版吗？在他看来，无论一份报纸号称自己有多少万的订阅量，也只是其中的某些读者看了某些内容，有大量内容是无效的。所以媒体一定要往更小众的、更垂直的地方切入。① 应该说，这样的操作，既避免了做大量无用功，又使公众更方便快捷地获取自己感兴趣的信息，提升了新闻产品的服务性。在当前的新媒体环境下，借助不同平台的力量拓展媒体的传播渠道，是一个更现实的选择。

以体育类报纸为例，在上一次受众细分的过程中，足球报、篮球报等纷纷创办，并分门别类地划分出英超、西甲、中超、NBA、CBA 等版面，而其他体育项目（如网球、羽毛球、排球、高尔夫、体操、游泳、田径等）因为受众群

---

① 参见崔慧莹《“如果有 10 个‘团结湖参考’或‘政知局’，团队就保住了”——对话〈北京青年报〉总编辑余海波》，载岳淼、叶铁桥主编《转合：移动互联网时代媒体访谈录》，人民邮电出版社 2017 年版，第 191 页。

体相对较小，没有创办专门的报纸，多在体育类报纸的综合版中出现。这种安排在当时是合理的，但是在当前，却很难满足公众的个性化需求，特别是随着全民健身的兴起，很多人已经不仅仅是某一赛事的观看者，也成为这一运动的参与者，走进健身房、拿起球拍、踏上跑道的人越来越多。这类体育运动的深度参与者不仅对相关赛事感兴趣，关注该项目中知名运动员的情况，还迫切希望学习该项目的一些小技巧和新技术，以增强自身的实力，而这些技巧、技术如果单纯地靠文字描述又不便于理解，文字加图片、动图、视频的形式才更直观明了。很明显，如果仍然依靠原来的纸质版，是无法完成这一任务的。以形象直观见长的电视台，虽然可以通过画面生动地呈现这些信息，但受制于线性播出的特性，公众只能被动地等待节目播出，无法根据自身的意愿随时观看、暂停，因而也不方便通过电视学习这些技巧。新媒体平台的出现却完美地解决了这一问题，比如创刊于 1981 年的老牌期刊《乒乓世界》创办的官方微信公众号“乒乓世界”，不仅及时报道最新的乒乓赛事、推出乒乓球明星运动员的专访、精选期刊上的优质文章，还结合某一重要赛事中令人关注的单场比赛点评其中的技术，以使乒乓球爱好者了解当前最新的技术潮流。同时，该公众号还以视频、动图与文字相结合的形式刊发诸如《如何发出隐蔽的“转不转发球”?》《台内拧拉应该怎么练?》等技术帖，通过《乒乓装备 Q&A》专栏介绍“一块胶皮打到什么程度就要换新”“乒乓球板中手柄该怎么选”等专业问题，为乒乓球运动爱好者解惑。

应该说，作为杂志的《乒乓世界》已经是受众细分的产物了，因为是期刊，很难对最新赛事及时跟进，杂志上原有的以文字介绍新技术、新打法的方式在短视频大行其道的当下也缺乏竞争力。通过官方微信公众号“乒乓世界”这一新渠道，不仅能够将杂志的优质稿件向公众予以推介，也改变了赛事报道时效性差的弊端，同时又借助微信公众号传播手段多样化的特性，将原有的优质资源——对专业技术问题有深入了解、与专业运动员和教练员建立了良好关系等——最大限度地予以发挥。特别是对技术问题的直观讲解，使得希望学习这些技术的用户不仅可以在空闲时间反复观看、揣摩其中的奥妙，也可以在运动过程中随时打开手机观摩，在实战中掌握新技术，便捷度和实用性大为提高。

对于纸媒来说，通过打造新媒体矩阵拓宽传播渠道，满足新媒体环境下垂直领域用户的信息需求，实现对相关信息的精准推送和用户的分层覆盖，也是实现其影响力和话语主导权的一个重要举措。比如，在近年来的纸质版改版过程中，很多党报都把“打造高端主流大报”作为发展方向，将领导者、决策者、管理者、经营者、研究者等有影响力的群体作为核心受众，以政治、经济领域的重大事件为主攻方向。这一思路无疑有利于明确办报方向、办报水准，也提升了报道的专业性，但如果仅仅满足于纸质版的受众，寄希望于通过他们的影响力来影响其他群体对某一事件的认知，至少从传播效率的角度来看是不够迅捷的，甚至有可能使新媒体“先入为主”，在话语主导权的争夺中处于不利地位。在这种情况下，很多纸媒通过微博、微信公众号、客户端、短视频平台等渠道发布信息，一来弥补了因出版周期造成的纸质版时效性差的不足，二来也通过错位竞争，努力覆盖更多的用户群体。从实践来看，很多纸媒的官方微博、微信公众号、客户端除了发布重大的时政新闻，也大量发布社会新闻、民生新闻和生活服务类信息，更接近于此前晚报、都市报的风格，在抖音、快手等短视频平台开设的账号也更注重情感因素的运用。从话语形态上来看，这些新媒体平台上的信息更加轻松活泼，网络用语得到更多运用，更加贴合用户的使用习惯。在某种程度上，这种操作也打破了以往纸媒在公众心中的刻板印象，使公众对其有了新的认知。

### 三、拓展渠道有利于吸引更多创作者，为纸媒提供更丰富的内容

传统媒体时代，纸媒的内容生产是一个相对封闭的系统，主要由编辑、记者、评论员及通讯员完成，作品以版面为载体呈现给公众。虽然很多纸媒不断扩版以容纳更多高质量的稿件，但版面容量毕竟是有限的，信息量相对较少，视角容易趋同。互联网的兴起一方面满足了公众多样化的信息需求，另一方面又不断催生着新的需求。在这种情况下，单纯地依靠纸媒从业者依托版面来生产和承载信息，已经很难满足多样化需求，通过拓展渠道吸引更多公众，为他们提供更具时效性、更多视角的一手信息，无疑是一个现实的选择。

有研究者指出：“互联网时代激活了个人操控社会传播资源的能力、湮没的信息需求与偏好以及各类微资源（闲置的时间、知识、经验等）。这种激活带来的结果就是媒介生态被重构，个体话语表达和内容生产能力大大提高。个体参与公众话语表达的方式大体有两种，一种是更加积极主动进行个体观点意见表达，这种表达大多是零散的，本质上仍然是新闻消费者；另一种则是与新闻生

产者相融，成为新闻生产主体之一，打破了单向传播时代新闻生产的边界。”①第一种方式的门槛相对较低，大多以留言、跟帖、弹幕等形式呈现，多为只言片语，或表达观点，或宣泄情感，或提供背景，或补充事实，往往能够唤起其他用户的共情与共鸣、提供别样的审视事件的角度，甚至为后续的内容生产提供方向。第二种方式的门槛较高，多为完整的作品，质量虽参差不齐，但其最大的意义在于打破了以往专业媒体对信息发布的垄断，以内容生产者的多元化拉动内容的多元化，其中的佼佼者制作的内容可以媲美专业媒体。在这些作品中，普通人可以记录自己的生活，以此与分布在各地的亲朋好友及粉丝展开互动，或者记录当地人司空见惯而其他地域人士却未必看得见的日常，来赢得更多的关注，甚至是凑巧记录下某个历史性瞬间；专业人士则可以发挥自身的优势，对专业问题进行分析，提升内容生产的知识含量，如“无穷小亮微博”发布的一系列视频就在动植物科普方面取得了很好的成效，粉丝量达到 665.8 万人。

“新榜”在《2020 内容产业年度报告》中指出，当前内容创作者正在破界，他们的创作介质、身份背景更加多元，人人皆可创作使得内容的江湖更加异彩纷呈。“做内容的人”已经不再特指媒体工作者，而是不断地扩大外延。根据新榜调研，具有媒体从业经验的创作者仅占两成，四成人士跨行而来、背景多元。其中，以互联网/电子商务行业居多，也不乏基建、教育、零售行业人士的涌入。② 互联网对多元主体的话语权力赋能使得内容生产能力不断扩张，在 2020 年新榜大会上，快手科技副总裁余敬中透露，2019 年快手 UGC（用户生产内容）作者数量达到 2.5 亿人，累计的库存视频数量达到 200 亿条。③

迅速增长的创作者队伍和产品数量给新格局下的新闻生产提供了一个新思路，一些传统媒体创办的新媒体账号上的新闻报道开始尝试 UGC（用户生产内容）模式，或结合 UGC 与 PGC（专业生产内容）的优势，开启 PUGC（专业用

---

① 唐铮、姜紫荆：《从新闻发布看疫情期间的舆论引导》，《新闻战线》2020 年 4 月上。

② 微信公众号“新榜”《2020 内容产业年度报告》，https://mp.weixin.qq.com/s/2tInJqxrNvQz8-UYuu4aMyg，访问日期：2020 年 8 月 4 日。

③ 参见微信公众号“新榜”《快手副总裁余敬中：我们把 70%的流量给了普通人》，https://mp.weixin.qq.com/s/P5TGm2nafYBX5JhhVv_6XA，访问日期：2020 年 8 月 4 日。

户生产内容）生产模式，充分利用创作者遍布各地的优势，推出具有现场感和一手信息价值的新闻产品。研究者认为，新闻类短视频的 PUGC 生产模式为产出“又快又好”的内容提供了有力的保障，也契合了自媒体时代公众自我表达和参与社会事务的需求。①

很多网络平台为了吸引优质创作者入驻，纷纷推出了补贴政策。业界人士对其进行了梳理，如下所示②：

**2017-2019年中国互联网媒体平台对创作者的补贴政策**

| 媒体平台 | 发布年份 | 补贴名称 | 补贴内容 |
| --- | --- | --- | --- |
| 百家号 | 2017 | 百+计划 | 通过每月的“原创作者榜”公布获奖作者，给予创作奖金和定制权益 |
| 搜狐号 | 2017 | 星图计划 | 以月度形式发布星图榜单，为专注优质内容生产的“搜狐号”优先提供流量红利 |
| 大鱼号 | 2017 | 大鱼计划 | 为平台原创者提供大鱼奖金、广告分成和大鱼合伙人等三种获益方式 |
| 今日头条 | 2018 | 青云计划 | 给予针对优质图文及优质帐号专项奖励，以文章内容为主要参考依据 |
| 微视 | 2018 | 达人计划 | 将按照每万次有效播放量乘以单价作为补贴 |
| 全民小视频 | 2018 | 拍视频得现金 | 内容质量、互动率、活跃度等构成魅力值，魅力值折合奖金 |
| 西瓜视频 | 2018 | 风车计划 | 为专业媒体机构提供内容代运营、技术深度支持等一揽子解决方案 |
| 西瓜视频 | 2018 | 万花筒计划 | 为宠物、手作、时尚、音乐等30余个垂直内容品类创作者提供10倍以上额外的流量支持和奖金制度 |
| 企鹅号 | 2019 | TOP计划 | 创作者通过新赛道、新平台生产内容，得到内容分成和平台补贴 |
| 好看视频 | 2019 | Vlog蒲公英计划 | 提供5亿现金补贴,20亿流量扶持,并从品牌代言、电商带货、直播打赏方面全面赋能Vlog创作者 |
| 趣头条 | 2019 | 麦浪计划 | 为原创短视频机构提供百亿流量的支持与包括综合扶持方案 |

来源：结合公开资料，艾瑞咨询研究院自主研究及绘制。

©2020.11 iResearch Inc.　www.iresearch.com.cn

图 3-2　互联网媒体平台对创作者补贴政策图

对于纸媒来说，也可以借鉴这个思路，通过不断拓展的渠道吸引更多的内容创作者和用户。例如，2017 年 8 月人民日报社通过“全国党媒信息公共平台”建设，聚合全国各级媒体、党政机关、企业事业单位宣传部门入驻，并为入驻机构提供内容生产、渠道运营、盈利模式等方面的数据与技术支持，以开放有

① 参见陈孟、孙怡、沈嘉、王子乔《媒体融合语境下的短视频》，微信公众号“腾讯媒体研究院”，https://mp.weixin.qq.com/s/FamDs480vGExY6PJX2—Mvw，访问日期：2020 年 7 月 20 日。

② 艾瑞咨询：《2020 中国互联网媒体内容社区模式发展研究报告》，参见微信公众号“艾瑞咨询”，https://mp.weixin.qq.com/s/hHbZioCVoZZQP1RNIvWP9A，访问日期：2021 年 1 月 10 日。

序的平台机制充分释放社会内容的巨大生产力。① 据人民网研究院副院长唐胜宏介绍，截至2019年12月，这一平台已有300多家单位入驻；截至2019年11月初，人民日报社打造的“人民号”平台账号申请累计超过21万家，经过筛选后正式入驻超过2万家。② 可见，选择优质内容生产者进驻自己搭建的平台以增加内容供给，进而吸引不同类型用户的关注，已成为纸媒在新媒体环境下影响公众、提升话语主导权的一个主动选择。

## 第二节　移动互联网环境下纸媒拓展渠道的思路

拓展渠道，既要积极推进，又要量力而行。患得患失、不敢试错固然会错失发展机遇；一路高歌猛进而不顾自身的实力，有时也会给报业集团带来经济压力或损失。特别是在移动互联网技术不断进步，新的渠道、新的平台不断涌现的情况下，根据自身的人力、物力、财力状况精心研判，努力寻找市场空间，明确发力方向，方有成功的可能。

### 一、主动利用新技术手段拓展传播渠道

自2005年“报业寒冬论”出现以来，我国报业一直在寻找转型路径。从早期的手机报、云报纸，到当前几乎成为标配的“两微一端”或“双微一抖”，无不体现着纸媒拓展传播渠道的努力。从发展历程来看，纸媒早期的数字化转型需要投入大量资金自建平台，但收效甚微甚至入不敷出，以致内部人纷纷感慨“不转型是等死、转型是找死”，对发展新媒体往往持观望态度，仍然对发行市场回暖报有一定希望。但随着移动互联网技术的发展和新媒体受众迅猛增长，报纸发行难度进一步加大，受众流失日益严重。可以说，相当一部分纸媒后来之所以重视新媒体建设，大多是形势所迫，有些甚至是在主管部门的要求之下在某一时间点之前仓促上马，既缺少利用新技术手段拓展传播渠道的积极性和主动性，也缺少对新媒体特性的充分了解与认知。

---

① 参见微信公众号“网信中国”《媒体融合向纵深发展　“内容为王”也有新内涵》，https://mp.weixin.qq.com/s/p2SYYtFdn-jgBQdNN-xJmA，访问日期：2020年8月4日。

② 参见微信公众号“腾讯媒体研究院”《人民网研究院唐胜宏：中国媒体融合理念、战略及实践》，https://mp.weixin.qq.com/s/Mec30gDj2ujlvhk1M1ahPg，访问日期：2020年8月3日。

尽管从表面来看，纸媒大多开设了“两微一端”，至少也有了自己的官方微博和微信公众号，编辑部的一些业务部门也开设了二级微博或微信号，并逐渐形成了新媒体矩阵，但从传播效果来看，仍有一部分纸媒的新媒体缺少吸引力，用户寥寥，对纸质版内容只是简单加工或者直接复制，有卖点的新颖创意少，且彼此之间缺少沟通与配合，内容同质化的状况并不鲜见。概言之，这部分纸媒只简单搭建了信息传播渠道，但这些渠道并没有真正抵达用户，因而也很难产生影响力。从某个意义上说，这不仅表现出了这些纸媒在运用新技术拓展传播渠道能力上的不足，也表现出纸媒在这方面欠缺积极性和主动性。

对于一个真正重视拓展传播渠道的纸媒而言，在新媒体平台的建设与布局上一定不会盲目跟风、贪大求全，而是在充分了解各个平台的传播特色和传播规律的基础上进行通盘考虑、总体布局，在差异化发展中打造有竞争力的产品并寻求对用户的分层覆盖，以求最大限度地发挥其作用。习近平总书记 2019 年 1 月 25 日在主持中共十九届中央政治局第十二次集体学习时指出：“信息化为我们带来了难得的机遇。我们要运用信息革命成果，加快构建融为一体、合而为一的全媒体传播格局。”① 同时强调：“不能搞‘一刀切’‘一个样’，要形成资源集约、结构合理、差异发展、协同高效的全媒体传播体系。”② 要达到这一目标，纸媒在进行传播渠道建设时就必须积极研判、主动取舍。如果缺乏利用新技术开拓新渠道的主动性，还盲目跟风，或者寄希望于“大而全”“小而全”“东方不亮西方亮”，很大可能会铩羽而归。

## 二、受众细分背景下以不同渠道的分层覆盖提升总体传播力

改革开放推动了社会阶层的分化，社会阶层的分化又导致了公众信息需求的差异，在公众与媒体互相寻找的过程中，新媒体的出现既满足了公众的需求，使得信息分发的“千人千面”成为可能，又进一步催生了更加小众化的信息需求与生产。面对主流文化、亚文化、小众文化的共生共存，纸媒所要做的，是明确不同文化群体的兴趣点，寻找自身与不同群体的信息契合点，在向公众提供信息服务的过程中引领公众。在受众细分的当下，要做到这一点，单纯依靠某一个媒介是很难实现的，传统的“大水漫灌”式的信息传播方式已经很难产

① 习近平：《习近平谈治国理政》（第三卷），外文出版社 2020 年版，第 318 页。

② 习近平：《加快推动媒体融合发展 构建全媒体传播格局》，《求是》2019 年第 6 期。

生效果，如果能借助新媒体矩阵对用户进行有效分类，并且每一个新媒体账号都分别对应不同的用户群体，通过对特定用户的精准“滴灌”来获客、留客，进而实现对公众总体的有效覆盖，对于提升纸媒的传播力和影响力都具有重要的意义。

对于纸媒而言，长期以来，出于发行和吸引广告商的考虑，更习惯于以总体收入较高、对文化信息产品有较多需求、有较强消费能力的一二线城市居民为主要受众。即使在创办新媒体后，出于惯性，仍然以其为主要用户展开激烈争夺。但移动互联网技术使得信息传播突破了地域的边界，三四五线城市和农村地区居民也能够像一二线城市居民一样快捷地获取资讯，并且由于拥有更多的闲暇时间而对信息有着更大的需求。需要注意的是，由于互联网的海量信息良莠不齐，加之相当一部分用户缺少独立分析和判断能力，因而更需要高质量的资讯对其进行信息纠偏和价值引领。纸媒无疑在这方面担负着重要职责，但很明显，由于这些群体在生存环境、视野等方面的差异，信息需求上也有明显差别，这就需要有更多有针对性的新媒体产品来进行信息传递。

再比如，传统上新媒体用户以年轻人居多，但随着老龄化社会的到来，老年群体越来越壮大，为了方便与子女沟通，相当一部分老年人也开始学习使用智能手机，并逐渐由家庭内部的交流延伸到与同龄人的网络社交上。此外，由于老年人拥有更多的自主时间，对服务内容也提出了更多的需求，除传统的养生保健、综艺节目、电视剧之外，对于旅游资讯、网购、移动支付乃至付费内容等方面的需求开始显现。

作为传统媒体的长期用户，银发网民逐渐将接触媒体的方式转移到新媒体上来。对于纸媒来说，能否抓住“银发经济”的浪潮，开发出适合老年群体需求的新媒体产品，拓展对银发网民的传播渠道，也是一个值得关注的问题。特别是针对那些有一定消费能力的老年群体，能否通过旗下某一新媒体账号开发出满足他们需求的信息付费产品，甚至推出适合其使用习惯的电商产品，以增强用户黏性、拓展营收渠道，未必不是一个可以试错的方向。

在搭建媒体矩阵、实现对不同用户不同渠道分层覆盖上，上海报业集团的做法值得借鉴。集团形成了上报集团旗下上观、文汇、新民等主流新媒体阵地，澎湃新闻、界面·财联社等现象级新型传播平台，以及第六声、摩尔金融、唔哩、周到等特色新媒体集群，共同组成“三二四”全媒体传播格局。① 每个媒介都有自己独特的定位、特有的用户群体和各具特色的内容产品，才有机会满足各自核心用户的需求，才能打造核心竞争力，使整个集团的用户群体不断壮大。

**三、打造新媒体矩阵中具有个性化的新闻产品**

除了对用户的分层覆盖，在搭建新媒体矩阵时，还要根据不同平台的传播规律和特性进行总体设计，实现“网、微、端”个性化发展，明确各自的传播重点和发展方向。比如，同样可以做到海量信息存储的媒体官网和客户端如何区分特色？短视频和中视频、长视频如何确立自己的用户并体现自身的个性？竖屏与横屏分别适合何种内容，创作上应有何区分？这都是需要思考的问题。在新闻实践中，一些纸媒的新媒体平台经常出现内容同质化现象，同一产品在不同平台同时出现，这样做的初衷可能是为了传播效果的最大化，但需要注意的是，精品内容如此操作尚可理解，大量的一般产品频繁地在同一家媒体的新媒体矩阵中同时出现，会消解不同渠道的个性，用户只需要关注其中一个即可，往往会忽略同一级的其他产品，比如可能因关注了官方微博而取关了微信公众号，或者关注了微信公众号而取关了官方微博。比较理想的做法是，即使面对的是同一个受众群体，也应力争以不同的渠道吸引他们同时关注媒体旗下的多个新媒体产品。

比如，为了与《南方周末》客户端的“大而广”相区分，南周微信公众号以“精而深”为运营策略，以精选自南周纸质版上的深度报道为主打内容。这不仅与客户端区分开来，也与南周官方微博区分开来（由于可以随时推送，且文字精练，官微以播报最新发生的新鲜事、突发事为主）。这种设计使得南周的“两微一端”独具特色。其程序员罗杨认为，“我们的 APP 更像是宴席，你可以看到桌上有许多菜品，要有足够的时间和胃口才能吃到所有食物。微信公众号则让你在短时间内享用一份精品”②。

再比如，抖音、快手等短视频平台兴起后，很多传统媒体纷纷入驻，但绝大部分内容雷同、风格相似。如何打造自身的个性？清华大学新闻与传播学院、

---

① 参见裘新《未来已来，相信未来——创造上海报业改革新传奇》，《传媒》2019 年第 4 期。

② 田香凝：《南方周末的变与不变》，载岳淼、叶铁桥主编《转合：移动互联网时代媒体访谈录》，人民邮电出版社 2017 年版，第 21 页。

中国科学报社与字节跳动联合发布的《知识的普惠——短视频与知识传播研究报告》显示，截至2018年12月8日，抖音上粉丝过万的知识类创作者接近1.8万个，累计发布超过300万知识类短视频，累计播放量已超过3388亿。① 这能否成为纸媒旗下视频类账号的一个发力方向，在重大事件面前，发挥自身与业界、学界联系广泛、资源广泛的优势，将事件当中涉及的各类专业知识生动形象地展示出来？

即使是在同一平台上，也需注意不同层次的新媒体账号的定位问题。《北京青年报》在实践中提出：与综合型的媒体官方法人微信公众号相比，定位精准、内容针对性强的二级公众号，更容易产生单点突破的效应。② 很明显，如果个性不足，可替代性强，这种单点突破是难以实现的。

总体来看，在当前激烈的媒介竞争中，相当大的一部分属于同质化竞争，只有对不同平台的传播规律和用户需求、使用偏好等有深刻体察，才能真正打造特色产品，体现出自身的不可替代性。在此基础上打造的新媒体矩阵，才能更好地占领市场、赢得用户。

**四、通过跨界、合作拓展传播渠道**

长期以内容生产为重的发展思路，使得很多纸媒难以在短期内搭建有效抵达用户的渠道（当然这绝不意味着可以不在这方面努力），在这种情况下，通过跨界突破樊篱，或以合作获取发展空间，也是拓展传播渠道的一个有效方式。

比如，2012年4月，浙江日报报业集团的上市公司浙报传媒以32亿元收购游戏平台杭州边锋和上海浩方的100%股权。虽然从宏观来看，报业集团与游戏公司同属文化产业这一大范畴，但在很多传统媒体眼中，这无疑是一场跨界。这背后，除了转变盈利模式的考量，还有拓展用户平台的长远考虑。浙报传媒集团股份有限公司董事长蒋国兴指出，浙报集团买的不是游戏，而是用户平台。通过并购边锋和浩方，浙报集团一举收获了3亿注册用户、2000万活跃用户、1000万移动用户，使得浙报集团真正意义上拥有了自己独立的用户平台。此后，

---

① 贡晓丽：《〈短视频与知识传播研究报告〉发布》，微信公众号“中国科学报”，https://mp.weixin.qq.com/s/nFV6Rbo3yaM2qaVlT6LpsA，访问日期：2020年8月6日。

② 参见崔慧莹《为鼓励做好公众号，〈北京青年报〉已经奖出200万元》，载岳淼、叶铁桥主编《转合：移动互联网时代媒体访谈录》，人民邮电出版社2017年版，第187页。

浙报集团着手推动浙江在线新闻网站与大浙网、边锋网络平台的“三网融合”，通过对边锋网络平台媒体化改造和在大浙网强化主流新闻传播，使5000万活跃用户成为新闻传播对象，打造主流新闻与专业资讯、文化娱乐和生活服务相融合的网络平台。①

当然，这样的跨界资源毕竟有限，更为常见的方式是与拥有稳定传播渠道和忠实用户的互联网公司合作，扩大媒体的影响力。2016年6月，人民日报社与腾讯公司签订媒体融合发展创新战略协议，共同启动《人民日报》云平台，共同建立《人民日报》网上多媒体发布厅；2017年，建军90周年之际，《人民日报》负责创意及前端开发，腾讯天天P图提供核心技术支持的创意H5“我的军装照”火爆刷屏。② 2019年9月上线的短视频聚合平台“《人民日报》+”，则由快手科技为产品提供技术支持。③ 这种合作使《人民日报》的内容生产优势和互联网公司的传播渠道与技术优势巧妙结合，不仅有利于内容的传播，也有利于改变纸媒在受众中的“刻板印象”，在某种程度上承担着为纸媒的新媒体平台“引流”的职能。

对于很多纸媒来说，独立建设渠道，会面临资金投入多、运营压力大、研发人员短缺等问题，通过与现有的大平台合作来拓展传播渠道，不失为一个理性的选择。比如《新京报》与腾讯联合推出的“我们视频”，自2016年上线以来，影响力不断提升，3年内获得了千亿流量。《新京报》常务副总编、“我们视频”总经理王爱军对双方的合作模式做出过详细说明：内容由《新京报》团队独立完成，腾讯每天依据热点资讯的数据提出选题建议，并做好产品的内容分发（主要发布在《新京报》旗下平台和腾讯的全渠道），同时提供相对充足的运行费用。王爱军认为，这帮助《新京报》团队提升了对视频新闻的理解、流程、数据意识和运营意识。在回答是否会做独立的APP时，王爱军表示：“我们不想因为这个去背一个很重的包袱，因为做视频平台太花钱了。实际上，随着社

---

① 蒋国兴：《六年了，浙报集团收购的边锋浩方还值不值?》，微信公众号“报业转型”，https://mp.weixin.qq.com/s/49QsKqL5YzkoN54Oo7pf1Q，访问日期：2020年8月10日。

② 参见马化腾《守正开新——移动互联时代主流舆论的数字化升级》，《新闻战线》2018年10月上。

③ 参见郭全中《智媒体发展三大新趋势》，《新闻战线》2019年12月上。

会分工的差异化，我自己有一辆好车，我用平台的高速路完全可以直达用户，为什么非要自己去修一条大路?”① 与此思路类似的是《中国新闻周刊》，其副社长兼总编辑王晨波认为，虽然《中国新闻周刊》于 2010 年就开始全力做 APP，但很快意识到，单一媒体、单一杂志的 APP 信息量有限，且今日头条等聚合类新闻信息客户端仅一年的推广费投入就高达十几个亿，依靠自身资源很难与这些大平台竞争。因此于 2013 年放弃了 APP，解散了技术团队，强调“轻平台，重分发，核心是内容能力”，放弃自建平台，把各大客户端作为分发平台，不断强化内容供应商的角色。② 这种操作更符合市场经济条件下开放、共赢的理念，对于资金压力较大的地方报纸来说，不失为以小投入拓展多元渠道的理想选择。

## 第三节　移动互联网环境下纸媒拓展渠道时应注意的问题

对于媒体来说，拓展渠道是手段而非目的，其意义在于通过多种路径促进传播力，进而提升影响力。但如果一味注重渠道的铺开而不顾传播效果，可能会事倍功半。

### 一、转换思维方式

不同的渠道对应着不同的内容，也对应着不同的思维方式。传统媒体特别是党报、党刊、党台，要想在媒体融合发展、拓展多元传播渠道的过程中获得稳定发展，首先需要的是转换思维方式，尽快适应移动互联网环境下不断变动的媒介发展格局。

其一，重视公众的独立性和能动性，变“受众”意识为“用户”意识。

在传统的传播链中，信息的接收者被称为“受众”，也是信息的被动接受者，而信息的发布者在“传—受”关系中居于主导地位，特别是在信息短缺时代，“传者”发布何种信息，“受者”就接受何种信息，并据此做出对周遭环境或者社会的判断。随着信息的日渐丰盈和研究的深入，人们发现“受众”并非只是被动接收信息或在信息的影响下“应声而倒”，仍然保有一定的独立性和能

① 微信公众号“腾讯媒体研究院”：《新京报副总编王爱军：我们视频三年千亿流量底气何在?》，https://mp.weixin.qq.com/s/aUZVFUdug4iToDflGqarhQ，访问日期：2020 年 8 月 21 日。

② 王晨波：《媒体进化论：内容的腐朽和神奇》，《新闻战线》2019 年 7 月上。

动性，对某些信息会有批评、质疑（只是限于技术条件没有广泛传播的机会），并且已经开始主动寻找自己感兴趣的媒体予以关注，从中主动选择对自己有帮助的信息。

互联网出现以后，“传—受”互动变得便捷高效，“受众”开始尝试参与到传播环节中去，通过爆料、跟帖等形式不断提供新的信息、表达自己的态度。进入移动互联网时代，海量信息和接收设备的升级使公众有了更多的选择权，算法推荐等新技术的出现使得信息推送的千人千面成为现实。但是生活节奏的加快又使得公众的时间和注意力成为稀缺资源，在有限的时间内选择哪个平台、关注哪个账号、品评哪条信息，越来越多地取决于公众的意愿。公众由此也从相对被动的“受众”变成在某种意义上能够决定媒体存亡的“用户”。用户越多，市场占有量越大，媒体的社会属性和经济属性越能发挥作用，反之则影响力日衰，逐渐被市场淘汰。当然在这个过程中不能为了用户量的增长而一味追逐流量、降低格调，或有意迎合某种低级趣味，而是要以健康的精神文化产品吸引用户的关注。

从带有一定优越感的“传者”，到更尊重用户、努力争取用户的“信息发布者”，面对这一变化，媒体人的心态要做出适当调整。彭兰教授认为，“在传统媒体时代，身处‘庙堂’之高的媒体对于其受众，本质上是‘俯视的’‘教化的’。即使媒体越来越多地追求‘寓教于乐’的技巧，但核心还是‘教育’‘教化’”。① 对于党报来说，“党委机关报”的身份赋予其很高的权威性，很多重要作品被视为代表同级党委的意见而被高度重视，使得党报的某些信息发布往往有意无意地带有一定的宣教色彩，把受众当作被教育者，容易以一种居高临下的姿态生产、传播信息，因而招致公众的逆反。特别是在“去中心化”的传播环境中，这种做法更容易失去公众。因此，纸媒从业者首先要做的就是增加“用户意识”，认识到再深刻的道理、再高明的见解、再优美的表达抵达不了公众就都是无效传播。在激烈的竞争中只有充分了解用户的需求，以用户喜欢的方式进行信息生产、发布，才能吸引用户的关注，才有可能促使他们转发、分享打动自己的优质作品，从而引发更大范围的关注。换言之，“受众”更多的是

---

① 彭兰：《新媒体用户研究：节点化、媒介化、赛博格化的人》，中国人民大学出版社 2020 年版，第 29 页。

一个信息消费者的角色，在内容短缺或传播渠道有限的情况下常常别无他选，只能被动接收，但是在移动互联网的大背景下，信息消费者面对海量信息和不断涌现的新媒体平台有了更多的主动权和选择权。只有正视这种变化，尊重用户，以用户喜闻乐见的方式传递内容，才有可能吸引用户、留住用户，进而把“用户”变成“粉丝”，变成“朋友”，建立稳固关系，形成用户群体。

要达成这样的目标，纸媒需要对用户有清晰的认知与深入的了解，不仅要知道纸质版的用户（这是相对清晰的，多为各级管理者、决策者），更要知道自己的新媒体或新媒体矩阵中每一个子账号的用户（鉴于每个账号的定位不同，用户也有较大差异，需要通过后台数据分析或问卷调查等多种方式建立自身的用户画像），从而实现信息的定向制作和精准推送，以“信息产品提供商”而非“党委代言人”的身份向用户提供信息服务。当然，这并不是说党报要放弃“党的喉舌”这一定位，相反，这是党报参与市场竞争最独特的竞争优势，在任何时候都要坚持，即使是代表同级党委来发言，也要首先回归“媒体”这一本位，不能简单地做文件、讲话的摘录者，不能对用户有丝毫的轻慢，只有把方针、政策、指示、精神用平实的语言向公众做深入浅出的解释和阐发，以平等交流的方式呈现给公众，才能吸引目标群体，赢得用户的信任和支持。

其二，消除媒体鄙视链，积极拥抱新媒体。

“摩登中产”公众号创始人、CEO 王鹏认为，传媒圈存在着一条不断更新的鄙视链：过去，体制内的媒体瞧不起市场化的媒体，认为他们是散兵游勇；后来，市场化的媒体瞧不起互联网门户，认为他们只会耸人听闻；最后，许多传统媒体人瞧不起新媒体人，认为他们只是标题党，根本不懂内容。[①] 对于这条鄙视链，传媒人可能多少都有所感知或体认。的确，每一种新的媒介形态或平台出现之初，都会经历不完善甚至野蛮生长，进而暴露出很多问题，普通公众也好，传媒人也罢，都有权对这些问题提出批评。但对于传媒人来说，除了批评，更应该冷静地对其中的佼佼者予以关注和思考：它圈定了哪些未曾被关注到的人群？触动了哪些社会痛点？表达了何种社会情绪？满足了公众的哪些需求？运用了哪些新技术？有哪些传播技巧可供借鉴？……如果只盯着缺点不放，

---

① 参见王鹏《摩登中产的怀旧味道来自哪里》，载吴晨光主编《自媒体之道》，中国人民大学出版社 2018 年版，第 139 页。

自会有高出对方的优越感，但也有很大可能错失了向对方学习以提升自身的机会，一旦对方实现了弯道超越则悔之不迭。只有善于发现竞争者或潜在竞争者的优势，不断完善自身、丰富自身的媒体，才能在市场竞争中永葆生机。比如，我们可以对新媒体最常被诟病的几个问题做一些“另类”的思考。

第一，标题党。

这一问题由来已久，从门户网站到如今的微信公众号、抖音等短视频平台，几乎都遇到过这个问题。为了吸引点击量，某些新媒体账号的标题故弄玄虚，耸人听闻，甚至不惜违背真实性原则断章取义，或以暴力、色情为卖点进行试探。这种类型的标题党自然是要被反对和批评的，管理部门也多次采取措施予以整顿。

但在实践中也经常可以看到这种情况：某纸媒的报道被门户网站或新媒体账号更换标题后发布出来，往往能获得超高点击量，而该纸媒官网或官微上以原标题发布的信息则点击率不高。这固然有平台用户数量差异的原因，不过也值得反思：纸媒在制作标题时是否充分考虑到了公众的兴趣点？表达方式是否新颖？语言是否灵动？

在报刊上，重要稿件可以通过在版面上的区位、图片、字体字号的变化以及线条、色彩的运用等加以突出，标题只是吸引公众的手段之一（尽管在“看报看题”的阅读习惯下是相当重要的一个手段）。标题有亮点，自然为报道添彩；标题一般，还可以用编排手法进行弥补。对于新媒体来说，标题常常是吸引公众的最强入口，除了网页头条可以有字体字号变化以及图片配合、微信公号头条可以有压题图片配合外，绝大多数稿件完全依靠标题吸引点击，这自然会迫使编辑想方设法在标题制作上下功夫，同时还会根据点击量的后台统计数据，对那些点击率不高的重要稿件的标题及时进行调整，使其取得应有的关注度。从这个意义上讲，重视标题制作不仅是遵循新媒体运作规律的题中应有之义，也是重视用户、有效提高信息到达率的表现。当然这绝不是说“标题党”可取，而是说要吸取其中正面的理念，提升对标题的重视程度。

第二，碎片化。

新媒体平台用户众多，信息来源广而杂，既有机构媒体发声，又有自媒体账号打榜；既有“大V”的点评、分享，又有素人的日常爆料……特别是在重大事件发生后，不同的用户从各自的视角出发，以文字、图片、音频、视频等多种形式迅速跟进，或是记录现场，或是发表意见，一时间相关信息扑面而来，使人应接不暇。

“人人都有麦克风”“万众皆媒”模糊了专业与业余的界限，打破了新闻生产的行业壁垒，也使得事物的呈现更加分散与多元，要了解或接近一个事件的全貌，往往需要对大量碎片化信息进行耐心的“信息拼图”。在这一过程中，基于对社交网络中某位亲友或公众人物的信任，某些碎片化信息会被放大；基于刻板印象或对“弱者”的同情，某些碎片化信息会被有意无意地忽略；基于特定情境下的情绪与情感倾向，某些碎片化信息会得到更多的转发，产生更大的影响……所有这些，都有可能误导公众，使公众做出错误的（至少是有偏差的）信息还原和是非判断、价值判断，也招致了对新媒体信息碎片化的批评。

不可否认，新媒体中确实存在因跟风、炒作、蹭热度等做法导致的无效信息、虚假信息，增加了公众认知事物的难度。但从另一个角度来看，不同的用户以不同的方式和视角呈现事物的某一方面，通过不同的专业背景和站位贡献自己的独特思考，并在不断地交流碰撞中互相参照、补充、印证或校正，恰恰提供了探知真相的动力和支撑，甚或为继续深入了解事件提供了线索、指明了方向。正如彭兰教授所言：“用户的参与，使得新媒体伸向社会的触角大大地增加了，而且由于用户构成的多元性，这些触角也有可能抵达不同地域、社会的不同领域与不同阶层。所以用户在不同层面上关于某一个事物的认识，常常比专业媒体的单一视角、单一层面的报道，更能反映事物的复杂性。”她由此指出，“当那些关键的碎片拼贴在一起时，当它们与专业媒体所提供的图景组合在一起时，最终呈现出来的景象，会比仅仅由专业媒体所描绘的景象，要更为丰富、立体、真实”。①

从新闻实践来看，很多优秀的媒体人也都意识到了呈现真相的难度，比如曾担任央视《新闻调查》节目的出镜记者柴静认为，“真相是无底洞的那个底”②，同时她强调，有意义的是通往真相的过程。可见，即使是以“探寻事实真相”为己任的“新闻调查”，也只是强调“探寻”而不轻言自己抵达了真相。

---

① 彭兰：《新媒体用户研究：节点化、媒介化、赛博格化的人》，中国人民大学出版社 2020 年版，第 31 页。

② 柴静：《看见》，广西师范大学出版社 2013 年版，第 188 页。

这也提醒传统媒体人：虽然经过了严格的新闻训练，努力地在采访中给各方发言的机会，在报道中保持公正、平衡，但传统媒体的报道真的反映了事件的全貌、呈现事件真相了吗？世界是复杂的，很多事件未必如表面上看过去那么简单，即便媒体已经为追求真相付出了巨大努力。有研究者认为，“传统媒体所称的完整传播，多数只是指作为新闻作品的完整性，是在一个相对狭窄、封闭的认识框架内文本上的完整。但是，如果将这些新闻报道与事实的真相相对照，常常会看到，这些报道仍只能反映事物的一个局部，甚至由于各种因素，对于局部的反映也存在着偏差”。① 由此看来，与其批评新媒体提供的信息是碎片，不如认真地对这些碎片进行分析、鉴别、梳理、整合。特别是机构媒体，在公众的媒介素养不足以完成这一工作时，能够以自身的专业能力快速完成碎片化信息整合的，才能不断接近真相，为公众提供更清晰的现实图景。

第三，内容浮浅。

随着生活节奏的加快，公众使用媒体时多利用零散的时间：通勤路上、工作间隙，或者候餐时间，见缝插针；随着便携接收设备——手机、平板电脑的不断升级，公众使用媒体的地点也更为多样：车厢、路边、办公场所……只要能够使用手机即可，这使得新媒体的使用看起来更随意；随着自媒体数量的增长和短视频平台兴起后对信息制作门槛的降低，越来越多的人可以通过多种形式记录自己生活的日常、发表自己的感悟，又使得某些新媒体上的内容看上去平淡苍白。诸多因素的叠加，使新媒体遭受到“内容浮浅”“快餐式消费”等批评。

的确，自媒体信息的大量涌入，使得机构媒体的信息很快被淹没，提升了人们获取信息的时间成本，一些优质信息的传播难度加大。更何况为了吸引关注，一些自媒体账号采用洗稿、臆断、煽动情绪等手法制作信息，甚至以低俗信息、恶趣味获取流量，这样的作品内容浮浅低俗，但是如果因此而视所有自媒体的信息都为浮浅的、低俗的，很明显有失公允。机构媒体提供的信息专业性强、准确度高，但即使在传统媒体时代，也依然有一部分报道为了迎合部分受众而采取同样低俗的策略，在这样一种媒介生态下成长起来的自媒体或新媒

① 彭兰：《新媒体用户研究：节点化、媒介化、赛博格化的人》，中国人民大学出版社 2020 年版，第 30 页。

体平台又如何能完全避免这些问题？

更重要的是，内容的深刻与否并不取决于它以何种形式来呈现，也不取决于作品的长度和阅读、观看的难度，文字不必然等于深刻，短视频不必然等于浮浅。短至十几秒甚至几秒的视频，如果能够借助一个精彩的情节或耐人寻味的画面引发公众对某个问题的深入思考，让公众自主搜寻相关信息并据此得出某个结论，就一定比长篇大论的宣教式、灌输式的理论文章效果差吗？彭兰认为，虽然碎片式的、快餐式的消费，在很多时候的确会让人们对很多信息浅尝辄止，但也应该看到，人们认识与思考的深度不完全取决于文本的长度，还取决于文本本身信息的丰裕度、可延展性以及对人们的思考兴趣的激发度等。① 诚然，文字表达的逻辑性、深刻性远胜以形象直观见长的图片、视频，但是，当数以亿计的公众拥抱短视频而文字阅读有走低趋势的时候，更应该做的，就是适应这一趋势，想办法提高短视频的思想含量和制作质量。

中国网络视听节目服务协会于 2020 年 10 月 12 日发布的《2020 中国网络视听发展研究报告》显示：截至 2020 年 6 月，我国网络视听用户规模达 9.01 亿，短视频的用户使用率最高，达 87%，用户规模为 8.18 亿。继 2018 年下半年短视频应用的日均使用时长超过了综合视频应用之后，截至 2020 年 6 月，短视频以人均单日 110 分钟的使用时长超越了即时通讯。在网络视听产业中，短视频的市场规模占比最高，达 1302.4 亿，同比增长 178.8%。② 面对如此规模的用户体量，如果还纠结于这种载体能否表现深刻的内容，可能会错失发展机会。

当然，这不是说要舍弃文字，毕竟并不是每一个人都喜欢观看视频，并不是每一个事件都适合用视频化的方式进行报道，并不是所有适合视频化的题材都能找到适配的视频，况且文字本身的美感和魅力对于特定公众来说仍有着很强的吸引力，媒体没有理由放弃这些公众。笔者只是想说明，内容深刻与否与表达形式没有必然的关联。更应该看到，不同的定位、不同的内容对于表现形式也有特定的要求，找到适合自己的表现形式才是最重要的。比如人民日报社

---

① 参见彭兰《新媒体用户研究：节点化、媒介化、赛博格化的人》，中国人民大学出版社 2020 年版，第 44 页。

② 《2020 中国网络视听发展研究报告》，新华网：http://www.xinhuanet.com/video/2020－10/12/c_1210837904.htm，访问日期：2020 年 11 月 17 日。

旗下广受好评的“侠客岛”团队认为，团队的优势在于文字，因此并未投入太多精力去做抖音、短视频等新兴平台——“四面出击的效果不一定好，要看准自己的优势，在某一个平台做得好并不意味着你可以什么都做。”①

从另外一个角度来说，“深刻”也好，“浮浅”也罢，只是一个相对的概念，不同的人对同一内容是否深刻会有不同的判断。机构媒体从业者大多学历较高，加之长期从事某一方面的采编工作，有和该领域专家接触、学习的机会，对这一领域事物的理解和认知比一般公众深刻一些，这是很正常的。当一般公众根据自己的知识结构或认知能力对某事做出描述或判断，并将其在自媒体平台发布时，可能确实会有一些浅显疏漏之处，但只要其中没有根本性错误或大的偏差，不至于误导公众，就有可能会给判断能力略低于他的人提供一些参考，对于后者来说，这些信息就是深刻的。如果进一步细究，对于某个专业问题的认知，从事这一领域研究的专家——从事这一领域采编工作的机构、媒体从业者——普通公众，是否也存在见解的深刻程度依次递减的情况？如果不是借助专家，媒体的报道能达到何种水准？即使采访了专家，是否能够在报道中准确地反映专家的观点，也考验着采写者的功底。从这个意义上讲，面对复杂的世界，每个人都不可能掌握“终极真理”，实在没有必要以“上位者”的心态执着于别人是否“浮浅”。何况，自媒体平台上不仅仅有普通人发声，一些专业人士通过微博、微信、知乎、哔哩哔哩等平台进行科普或对某一专业问题进行深入讲解，取得了很好的成效。比如中国政法大学教授罗翔，在哔哩哔哩以深入浅出的方式辅导法考，2020 年 3 月入驻哔哩哔哩平台，仅两天时间就吸引了 100 万粉丝，到 2020 年 10 月底粉丝量已突破 1000 万，累计观看量达 83.5 万。② 这从一个侧面证明平台与传播形式并无深刻、浮浅之分，关键在于传播的内容以及制作者的能力和态度。

当然，对新媒体形态的批评或误解不止以上三个，但从以上分析不难看出，很多时候这种批评是基于对新的产品形态及其背后的技术手段不了解。从媒体发展历程来看，无线电的发明推动了广播的出现，电报、电话的出现极大地提

① 陈国权：《“侠客岛”的“内功心法”》，《中国记者》2019 年第 8 期。

② 微信公众号“新榜”：《罗翔 B 站粉丝突破 1000 万，直播课堂视频播放量达 86 万》，https://mp.weixin.qq.com/s/sr7MgeN0SumRVHEyf7vo_A，访问日期：2021 年 11 月 7 日。

高了报道的时效，电影、电视也无一例外地借助了新技术的开发而得以实现。从这个角度来看，媒体并不排斥新技术，而是努力借助新技术不断优化自身或是推出新的产品的。自然，借助互联网和移动互联网技术推出新媒介、新平台也是顺理成章的。虽然新的媒介出现之后都会对原有媒体造成冲击，甚至使其中的一些经营者陷入困境，但总有一批善于革新、勇于尝试的媒体人寻找到新的发展空间和竞争优势，在新的媒介形态的挑战来临前巩固自己的市场地位。

从这个意义上讲，今天的传统媒体面对新媒体的冲击时也应积极面对，不因其发展初期出现的各种问题而加以嘲讽，也不因其在不断壮大过程中的攻城略地而仓皇。科技是不断向前发展的，主动运用新技术创办的媒体平台自会不断涌现，这是社会发展的大势，鄙视、惊慌均不可取，顺势而为，扬长避短，方可跟上时代发展的脚步。从前几年“不转型是等死，转型是找死”的观望、犹豫，到如今积极投身新媒体、打造新媒体矩阵，纸媒已经开始探索媒介融合发展之路，并通过编辑部重组、采编流程重构等为新闻生产提供机制上的保障，这些努力都值得肯定。

## 二、尊重不同平台的特性

拓展传播渠道，并非将纸质版内容直接搬运到新的平台上那么简单。不同的平台有不同的特性，自然也就有不同的操作规律，只有尊重这些特性，并在此基础上结合自身的定位去探寻某一平台上的表现形式、手法和内容呈现方式，才能真正在这个平台上众账号间激烈的竞争中赢得一席之地。从发展的历史来看，20 世纪 90 年代互联网进入中国以后，很多报社很快开通网址，推出了自己的电子版报纸，但是由于对互联网的特性认识不够，未能把握网站信息发布的规律，相当一部分报社只是把纸质版内容搬上自己的网站，未能推出与互联网“互联互通”“海量信息”“超链接”“强互动”等特性相匹配的新闻产品。这样的网站只是单纯的纸质版发行上的延伸，未能做到内容上的延展和对受众的分层覆盖，因而很多作品的点击率不高，很快被后起的门户网站所超越。其中一个重要原因，在于后者更了解互联网，推出的新闻产品充分地发挥了互联网的特性与优势：事件最新进展的及时播报，新闻专题的信息汇总，图、文、音频、视频等多种传播手段的综合运用，新闻跟帖中网站与网民及网民之间的互动，等等。正如业内人士所言，新媒体环境下的创作，“文字很多时候是为图片、动画、表情包服务，它们是完全水乳交融的一个整体，共同构成一个产品。对于这样的稿件来说，把图删了反倒会令文字读不通。封面图、标题、导语、开头、小标题、配图、结尾、流畅的阅读、恰当的逻辑线条、排版、促转发的优秀结尾、互动引导缺一不可，这才算完整的产品。”① 很明显，这已经颠覆了传统纸媒的创作逻辑。研究者对电视直播与网络直播进行分析后指出：“如果媒体的网络新闻直播，只是把过去的电视直播小屏化、轻量化，而不能传达出用户所期待的原生态的现场感和人们的在场感，那这样的直播，即使投入资源再丰富，制作再精良，恐怕也难以完全满足网民的需求。”② 可见，不同平台上的内容呈现应根据平台的特性和用户的需求而采取不同的策略，唯此，才能真正实现信息在不同平台上的有效传播。

在移动互联网时代，微博、微信、短视频平台发展迅猛，逐渐超越门户网站成为公众获取信息的主要途径。这些平台提供了更方便及时的互动方式，平台与用户、用户与用户之间的互动更加顺畅，人们既可以从中寻求自身观点的共鸣者、强化自己对某一判断的信心，也可以从中发现新的信息，为自己的判断提供参考或进行修正、补充。同时，这些平台的社交属性较强，通过分享、转发等方式实现裂变式传播。因此，如何激发公众的分享意愿，就成为内容生产中一个不可忽视的方面，在内容深度、情绪把控、情感共鸣等方面都要精心考量。有些新媒体账号在评判一个作品是否可以推送时，也把是否能让用户产生“不转发对不起朋友”之感作为一个重要指标。可见，新媒体时代的新闻生产不仅在呈现方式上发生了很大变化，在创作理念上也有了更高的要求。

近年来，很多报社通过打造“中央厨房”实现了内容生产的“一次采集、多次加工、多平台发布”，完成了信息的多次开发和利用，提高了生产效率，也为旗下各平台提供了丰富的素材。但在肯定这些成绩的同时，也应该看到，有些报社的信息发布未能充分考虑到不同平台的特性，未能依据这些特性对素材做差异化的处理，导致不同平台上发布的信息相似甚至雷同。有些报纸特别是

---

① 微信公众号“腾讯媒体研究院”：《〈凤凰周刊〉主编周宇：从传统杂志到微信百万大号，转型成功的秘诀是什么?》，https://mp.weixin.qq.com/s/PPXJ4KL0EVN__p7mP_WW6w，访问日期：2020 年 8 月 4 日。

② 彭兰：《新媒体用户研究：节点化、媒介化、赛博格化的人》，中国人民大学出版社 2020 年版，第 241 页。

地方报纸的官方微博与微信刊发内容完全一致，微博正文从文章的开头起排，排满 140 个字之后直接上原文链接，完全不考虑这 140 个字传递的信息是否完整清晰，是否有吸引力；微信的推广则是直接上原文，很少考虑图片的使用、文字表达是否适合微信排版的特性，一股脑将文章推送出去了事。这种做法看似效率高，但实际阅读体验差，吸引力欠佳，往往很难引发用户的关注，自然也起不到应有的传播效果。

近几年兴起的视频平台，则以其打破文字表达门槛的优势，迅速确立了自己的市场份额，特别是在用户市场下沉的过程中不断开发着新的用户。其制作、发布者中，既有电视台、网站这样专业的视频内容提供者，也有从报刊、广播跨界而来的媒体人，更多的则是视频制作公司、视频制作团队以及普通公众。不同风格、不同层次、不同水准的视频作品纷纷抢滩，尤其是抖音、快手等短视频平台的兴起，为普通公众提供了记录日常、表达感悟、展现创意的机会，整蛊搞笑、心灵鸡汤、时事点评、生活见闻、思想火花等无所不包，健身、科普、园艺、军事、投资等领域的达人不断细分垂直市场，使信息供给更加精准。面对视频用户的不断增长，很多传统媒体也进入了视频制作领域，借助机器制作的短视频也以其高效快速的反应赢得好评。但同时应当看到，在传统媒体特别是纸媒创作的视频中，有相当一部分仍延续着纸媒的写作思路，对文字表达过于依赖，而对画面的重视不够，解说词、画外音过多，画面单调乏味，甚至画面成了可有可无的点缀，这其实是有悖于视频创作规律的。有张力、冲击力的画面才是视频最为倚重的卖点，画面、同期声、字幕、解说词互为补充、互相配合，才能最大限度地发挥视频的优势。将画面作为配角，或者画面的切换方式单一、单个镜头过长等做法，都会导致画面不够丰富，使整个视频单调乏味，缺少灵动与生机。腾讯新闻品类运营主编蒋翔认为，图文内容由理性思维作为主导，用户在阅读一个图文内容的时候，期待的是内容作品全面严谨有深度。视频更加偏感性，用户在阅读视频内容的时候，他的心理期待其实是更渴求视觉冲击，更渴求画面美感，更渴求现场价值。① 如果无视这些区别，纸媒的视频发展之路无疑会很艰难。

---

① 参见微信公众号“腾讯媒体研究院”：《新闻品类进入同质化竞争，垂类内容成为新机遇》，https://mp.weixin.qq.com/s/yYC2U3KIWS7lEYdlJ7D9TA，访问日期：2020 年 8 月 15 日。

从目前的情况来看，大多数纸媒已经构建了新媒体矩阵，通过微博、微信、客户端、抖音等多种平台传播信息，有些还开设了专门的工作室培养有影响力的子账号，向媒介融合发展的方向发力。需要提醒的是，媒介融合的前提是尊重不同平台的特性，以多样化的媒介产品满足用户的需求，如果只是将纸媒的内容生产思路移植到新媒体平台，试图用新媒体承载纸媒的内容而罔顾各平台的特性和要求，恐怕其效果会适得其反。

**三、避免重复建设，集中力量打造精品**

对于很多传统媒体来说，开发新媒体是一个全新的挑战，没有成型的模式可以照搬，即使有其他媒体的一些成功经验可供借鉴，但由于新媒体发展迅猛，一旦错过窗口期和机遇期又难以复制。在这种情况下，一些媒体开始多方布局，微博、微信、客户端、抖音、快手等全面铺开，除了官方账号，旗下各业务部门、各频道、各节目或专栏也都要开办子账号，寄希望于“东方不亮西方亮”。勇于试错当然是在媒介融合发展过程中值得鼓励的，但试错并不是要漫无目的地“广撒网”，而是在精准的市场调研和分析之后，确立主攻方向再来展开。如果只是“有枣没枣打三竿”，很有可能回报寥寥，使原本就紧张的财力雪上加霜。在这个问题上，20 世纪 90 年代一些报业集团“多子多愁”的前车之鉴不可不察。

20 世纪 90 年代，为了最大限度地开发市场，一些报业集团在已有一张主报（多为党报）、一张市场号召力较强的晚报或都市报的情况下，继续开办与晚报、都市报类似的子报，希望以此进一步瓜分市场份额，吸引一些相对低端的广告，为主打的晚报或都市报保驾护航。但是，一方面各子报本身缺乏严谨的市场调查论证，另一方面集团对各子报也缺乏必要的定位指导，没有确定母报和子报的受众定位、功能定位、风格定位，突出各报刊目标市场的差异性，导致这些子报定位不清，各自为战，未能形成错位竞争、优势互补的结构布局，结果各子报内容趋同，为吸引读者与广告，都以社会新闻、娱乐新闻、体育新闻为重点，而且提供的多是“大路货”，未能体现出“细分”的特质。长此以往，集团内的子报刊都不能做大做强，谁也成不了吸引某一特定受众群体的“王牌”，只能是互相牵制，广种薄收，或因趋同竞争而互相挤压，形成内耗，大多入不敷出，在一些报业集团中甚至出现了“多子多愁”的尴尬局面。

在这样的情形下，纸媒的媒介融合之路要想走得平稳顺畅，就需要在敢闯敢试的基础上对整个集团新媒体矩阵的打造进行统筹，统一谋划，分类指导，使各账号都有自己的内容重心和核心目标群体。当然在具体实现方式上可以根据自身的人力、财力储备情况灵活调整，比如可以优先扶持某一个已有一定影响力的子账号，待其壮大之后孵化出新的关联账号，或为其他有潜力的账号引流；也可以同时确立几个可行的方向参与市场竞争，视其发展状况优胜劣汰……只有将试错与统筹发展结合起来，才能集中力量打造精品。

目前，已有报业集团在这方面做出了尝试。上海报业集团党委书记、社长裘新在上海报业集团“推动媒体融合向纵深发展”动员大会暨 2019 年度工作会议上披露，2018 年，集团媒体机构开设的微信公众号减少 20 余个，PC 端网站减少 5 个，APP 端口中有 2 家停止运营。他认为，新媒体也要优胜劣汰，关停活跃度低的产品，扶持受用户欢迎的强势产品。对于失去受众的媒体，不论是传统媒体，还是新媒体，都没必要再打“强心针”，做“人工呼吸”。① 在这样的思路下，集团重点打造上观、文汇、新民等主流新媒体阵地，澎湃新闻、界面·财联社等现象级新型传播平台，以及第六声、摩尔金融、唔哩、周到等特色新媒体集群，共同组成“三二四”全媒体传播格局，影响日益扩大。

裘新认为，当前最重要的是绝不能面面俱到、遍地开花，而要确定主攻的核心单元和拳头产品②，并由此提出集团未来 5 年将聚焦六大核心智媒体单元，推出一批拳头产品。

> 自媒体聚合平台：解放上观拟布局上观新闻上观号，打造上观政务新闻聚合平台和 PUGC 内容战略生态。《新民晚报》拟布局拍客以及媒资库平台，作为新民晚报社自己的 PUGC 平台。《新闻晨报》拟布局周到号 UGC 平台，面向街道、区委办局、社区服务供应商等与周到“身边”属性密切相关的机构，通过地理位置标签、兴趣标签等进行千人千面分发。
>
> 内容有声化：解放日报·上观新闻拟布局上观语音读报系统，实现从“看报”到“听报”的转变，“解放”用户的手和眼，让党报变得更亲切、互动、接地气。《上海日报》拟布局 SHINE NEWS APP“听”新闻，打造

① 参见裘新《未来已来，相信未来——创造上海报业改革新传奇》，《传媒》2019 年第 4 期。

② 参见裘新《未来已来，相信未来——创造上海报业改革新传奇》，《传媒》2019 年第 4 期。

语音播报新闻功能。

内容视频化：文汇报拟布局文汇客户端视频直播项目，打造全媒体时代的互动直播平台。《新民晚报》拟布局上海时刻短视频智能编辑系统，实现对短视频的审核和机器编辑行为，加速短视频生产效率。澎湃拟布局Pai视频，携手领先技术公司和媒体公司，打造全球资讯影音采集、加工、审核、分发及版权交易一体化平台。

智能金融数据平台：界面·财联社要在媒体和资讯的领先优势基础上，发力智能金融数据平台建设，提升金融服务与交易的能力，打造具备强大市场竞争力的金融信息服务产品。

机器翻译：集团将积极推动相关各方的业务协同，突破原创英文内容产能的天花板，提升媒体对外宣传的力度和广度。

内容标签系统及智能审核：唔哩通过自有APP及内容分发业务已经初步建立起一套内容标签系统，目前在分类上一二级标签比较准确，三级部分领域标签比较完善，在关键词上有8万多个关键词库，初步的倾向性标签已经完成。集团将在此基础上探索建立统一规范的内容标签系统，争取实现国内最全最专业的内容标签及审核服务。①

对于由解放日报报业集团和文汇新民联合报业集团组建而成的上海报业集团来说，旗下的媒介产品本就十分丰富，如果任由不同形态的产品自行发展，很可能形成内耗，“集”而不“团”，难以推出能够与市场上的商业化媒体相抗衡的重点产品。经过统一规划、设计，集团可以通过优胜劣汰、错位竞争来最大限度地利用好人力、物力、财力，通过分层覆盖充分发挥自身的影响力。

还需要注意的是，在当前自媒体兴起的大背景下，媒体间竞争的激烈程度已远超20世纪90年代，如果仍然寄希望于新媒体账号的自发成长，成功的可能性很低。若想突围，就需要精研市场、精准定位，需要人力、财力等方面的投入。解放日报社党委书记、社长李芸在介绍该报整体转型的经验时指出，改革后，栏目成为最基本的内容生产单元，既负责向报社打造的新媒体平台“上观”供稿，也负责向纸质版供稿。这些栏目并非随意设置的，而是面向全体采

① 裘新：《未来已来，相信未来——创造上海报业改革新传奇》，《传媒》2019年第4期。

编人员公开招标。在收到100多个申报方案后，领导班子逐一听取申报人的方案设想，经过精心比选，首批上线70多个栏目。之后，或优化、或淘汰、或新创，保留了60多个。2017年以来，报社又通过竞标推出《法治》《公共空间》《运动十》等一批试点栏目，栏目主编在策划、采编、人员调配、稿酬分配等方面获得了更大的自主权。报社并不直接干涉这些栏目的生产，而是以影响力和美誉度为导向，定期对栏目进行考核。① 这一方式可以调动采编力量向新媒体转型的积极性，又能够确保报业集团应有的社会功能，值得借鉴。

**四、注意话语形态的转换**

统计显示，我国自媒体工作者超过260万人，各类自媒体号总注册数约3155万，其中微信公众号超过2000万。②

截至2020年6月，我国网络视听用户规模达9.01亿，其中短视频用户规模为8.18亿，短视频以人均单日110分钟的使用时长超越了即时通讯。③

这些数字的背后，是公众信息接触方式的巨大转变，也潜藏着媒体对受众的激烈争夺。毫无疑问，哪家媒体能够更好地适应受众信息需求的变化，哪家媒体就将迎来更好的发展机会。在这场争夺中，于互联网或移动互联网环境下诞生、具备天然的互联网基因的新媒体无疑具有先天的优势，而传统媒体也在向媒介融合方向发力，力争在新媒体环境下赢得市场份额，一些纸媒的“两微一端”在实践中也取得了可喜的成绩。应该说，面对新媒体的蓬勃发展，纸媒的报道理念、报道方式以及表现形式都发生了不同程度的改变，这其中，话语形态的转变就是一个重要的环节。

作为语言的一个组成部分，纸媒的话语体系既影响着社会，又会随着社会的发展而不断变化。从这个意义而言，纸媒话语形态的转变是社会发展的必然，只不过，新媒体的出现，使语言特别是网络语言发生了更大的变化，并且以更快的速度在虚拟的网络空间和真实的社会环境中传播，对纸媒话语形态的转变

---

① 参见李芸《以深化改革推进深度融合、整体转型—— 解放日报·上观新闻融合转型的探索》，《新闻战线》，2018年11月上。

② 参见陈昌凤《以全媒体战略构建新时代传播体系》，《新闻战线》2020年3月上。

③ 《2020中国网络视听发展研究报告》，新华网，http://www.xinhuanet.com/video/2020－10/12/c_1210837904.htm，访问日期：2020年11月17日。

提出了更高的要求和考验。只有主动适应这种变化，及时转变话语形态，纸媒特别是纸媒创办的新媒体平台才能在新媒体环境下更好地适应受众的需要，进而增强传播效果。正如人民日报社新媒体中心主任丁伟所言，做好新媒体的核心在于“姿态放低一点，说实话、说人话、说新话”①。

其一，注重对“高端”内容的通俗化阐释。

随着社会阶层的分化，不同人群对信息需求产生了差异，受众的细分成为必然，而数量庞大的新媒体的出现，又加剧了细分领域的竞争。面对这种情形，很多报纸以高端、主流为发力点，以领导者、决策者、管理者、经营者和研究者为主要受众进行信息的采集、梳理与加工，收效颇丰。但需要注意的是，纸质版以如此操作赢得了发展空间，新媒体平台是否也只是锁定这些高端人士？很明显，如果纸质版与新媒体平台锁定的是同一受众群体，势必会因为信息的重复而使某一渠道的信息发布成为无效发布，不利于扩大受众群。因此，相当一部分报纸的选择是，纸质版办成高端大报，而新媒体平台更多地面向社会公众。

这就带来一个问题，即纸媒旗下的新媒体平台应发布何种信息？如果以社会新闻为主打，辅以养生保健、心灵鸡汤，既泯灭了特色，又很难体现出纸媒应有的品格。当然，并不是说社会新闻、养生保健等不能在纸媒新媒体上出现，而是说，要适当、适度。如果能有一些作品可以将纸媒权威性强的优势移植到新媒体平台，适时结合社会热点问题，从理论高度、专业层面做一些分析，帮助用户更好地认识热点、获取专业知识，进而形成纸媒旗下新媒体平台的特色，可能是一个更好的选择。

在短视频领域颇具影响力的视知 TV 的创始人兼 CEO 马昌博认为，知识不是刚需，被翻译过的、可以感知的知识才是刚需。② 这里所说的“翻译”，并非不同语种之间的转化，而是指将专门知识以通俗易懂的方式呈现给受众，使受

---

① 刘晨阳：《要做好新媒体，核心是说实话、说人话、说新话——对话人民日报社新媒体中心主任丁伟》，载岳淼、叶铁桥主编《转合：移动互联网时代媒体访谈录》，人民邮电出版社 2017 年版，第 15 页。

② 微信公众号“新榜”：《视知 TV 马昌博：在可以“百度”一切的时代，做解决焦虑的“知识翻译官”》，https://mp.weixin.qq.com/s/KIXZXa3it28z_2wmNdHwsQ 访问日期：2018 年 1 月 26 日。

众认识到这些知识与自身的关联，并运用这些知识看待现实。对于纸媒来说，在热点事件发生时，采访到相关方面的管理者和研究者并非难事，采编队伍中的专家型编辑、记者也不罕见，这都决定了纸媒能够及时获取高水准的信息和相关知识，但在如何将这些知识特别是高冷的专业知识进行准确“翻译”方面，还存在一定问题。从实践来看，相当一部分纸媒的相关报道有深度、有广度，但是缺少温度，表现为或是只从专业角度进行阐释而忽略了公众真正关心的新闻点，或是大量运用专业术语而使公众难以卒读。即使是在面向高端人士的纸质版上，这样的报道也很难说是令人满意的，毕竟“隔行如隔山”。如果发布在新媒体平台上，则更要结合用户感兴趣的新闻点进行深入浅出的报道，这样才能使之成为普通人能够理解和接受的信息，并内化为自身知识的一部分。

其二，对“网言网语”进行适当的借用与跟进。

一些纸媒的话语体系被诟病的原因之一，在于相对封闭、僵化，甚至与公众的日常用语脱节，让人难以感受到语言鲜活的生命力，也因此失去了对受众的吸引力。随着中国社会的迅猛发展，新的词汇、新的表达方式层出不穷，它们或是反映现实社会的变化，借助新媒体的传播而广为人知，或者直接来自网民特别是网络“段子手”的智慧，以精炼幽默的语言表达对新闻事件或社会问题的看法。这些网络用语通过调侃、自嘲、反讽等表现形式，或尖锐犀利，或形象直观地揭示出事物的本质，让人在会心一笑之余产生高度认同，并借助新媒体裂变式传播迅速成为网络空间和社会生活中的流行语。

同时，简短的表现形式和丰富的内涵，使得网络用语更加适应用户碎片化阅读的需求。中国互联网络信息中心发布的数据显示，手机是我国网民上网的最主要设备，截至 2021 年 12 月，我国网民使用手机上网的比例达 99.7%。① 手机具有方便携带、可随时使用的特点，既适应了用户碎片化阅读的需要，又在一定程度上加剧了碎片化阅读的趋势，使得媒体不得不考虑如何在最短的时间内最大化地传递信息、吸引用户。

由此，无论是从语言自身的演进来看，还是从公众的阅读需求来看，适时

① 中国互联网络信息中心：《第 49 次中国互联网络发展情况统计报告》，http://www.cnnic.net.cn/hlwfzyj/hlwxzbg/hlwtjbg/202202/t20220225_71727.htm，访问日期：2022 年 8 月 14 日。

地引入网言网语，都应成为纸媒转变话语形态的一个重要方面。特别是在新媒体平台上，如果充盈的仍然是传统的纸媒话语，“新瓶装旧酒”，自然难以在激烈的竞争中立足。在这方面，人民日报社的新媒体矩阵做出了表率，很多作品在秉持《人民日报》“高出一筹”的办报理念的同时，也结合了大量网络流行语，思想性和可读性俱佳。比如，2018 年 7 月中旬，全国多地因暴雨而出现城市积水或内涝，成为舆论热点。微信公众号“人民日报评论”7 月 17 日发文对此进行分析，其标题就带有鲜明的网络色彩：《萧敬腾不休息，我们的城市如何“避雨”》，借助“雨神萧敬腾”这个网民熟知又非常应景的“梗”，引发用户的关注。不仅如此，文章开篇便呈现了当天热门的网言网语：

> “‘雨神萧敬腾没有休息日’‘今天的雨跟依萍找她爸要钱那天一样大’‘像白素贞遇到许仙那天小青施法下的雨那么大’，网友脑洞大开，用各色笔法修饰各自城市的大雨。”

借助网民的调侃勾勒现实，无疑拉近了与网民的距离，但作为《人民日报》旗下的新媒体，绝不会仅仅满足于对各式调侃的汇总，而是要借此反映出普遍存在的现实问题，并提出自己的判断。果然，文章随即笔锋一转，指出“在家里‘看海’”“喜提‘内陆海景房’”等网络调侃的背后，警醒城市管理者必须做好城市汛期安全的考题。由此，文章提出海绵城市建设问题，强调要协调城市与自然的关系，城市发展要尊重自然、顺应自然、保护自然，才能在面对内涝时，拥有更多空间和能力。文章由调侃入手，提出解决问题的具体办法，再强调应有的理念，环环相扣，层层递进，着力引发更深层次的思考。试想，如果去除开篇的网络语言，虽然不会影响议论的深度，但其对新媒体用户的吸引力将大打折扣。

当然，纸媒在借用网言网语时需要对其进行鉴别，不可盲目跟风，那些格调不高、意气用事甚至带有侮辱、攻击色彩的语言，毫无疑问是不能入选的。同时，一些流传度不高或是令人费解的语言也要慎重使用。另一方面，纸媒在吸收网络语言的同时也要有自己的话语品格和审美格调，既“不能满足于重复过去的话语方式，不能止于文件内容的简单搬运，不能流于陈旧语词的表达，更不能轻于修辞的饰化点缀”，又要“善于把握政治话语、学术话语、大众话语、网络话语等四种话语体系的有机关系，在相融相通、相得益彰中坚守政治话语体系的方向性、凝练学术话语体系的科学性、放大大众话语体系的传播性、借力网络话语体系的开放性”①，如此，方能给公众带来良好的阅读体验。

其三，以“互动”带动话语形态的转变。

新媒体的出现，改变了传统的传受关系。原来的“受众”成为“用户”，不仅拥有了更多的选择权，也开始通过跟帖、留言或直接发布信息等多种方式参与到信息传播的过程中去，推动报道的进程甚至改变其走向。在近年来常见的“反转新闻”中，新媒体用户在提出疑点、补充关键信息等方面就发挥了重要作用，从而在多方信息的碰撞中使相关报道不断地趋近真相。应该说，在新媒体环境下，媒体与用户之间的互动已成为常态，只有重视互动，在互动中寻找用户的关注点，发现共鸣点，探讨争议点，才能使纸媒的报道更具吸引力，更好地承担舆论引领的重任。正如新华日报社副总编辑李扬所言：“文章的目的是实现传受双方的对话，是在作者与读者之间寻求共识，观点与态度绝不会在自说自话的单向度运行中传播，更不能被动接受或认同。”②

在这种情况下，即使是纸质版报刊，也要有互动意识，尽量通过官方网站、微博、微信等平台与用户进行有效沟通，以做出更具针对性的作品。纸媒的新媒体平台更应充分发挥互动性强的优势，借助互动提升报道质量、增强用户黏性。

互动的过程不仅可以使媒体获取有效信息，也可以直观地感受到公众的话语形态，使纸媒的话语体系与公众的话语体系进行对话，为转变话语形态提供直接的样本。从语言自身的特性来看，无论是媒体的话语体系，还是社会公众的话语体系，都不是封闭的小圈子，而是在不断交流中演进、发展的，只不过某些媒体在实践中切断了媒体话语体系与公众话语体系的关联，特别在一些时政报道和理论文章的写作上，一些媒体的时政报道往往陷入程式化的写作套路中，而理论文章常常艰深晦涩。无论如何，这种自说自话的做法都很难赢得公众的关注。

① 李扬：《构建“颜值”与“言值”兼融的话语表达》，《新闻战线》2020年4月上。

② 李扬：《构建“颜值”与“言值”兼融的话语表达》，《新闻战线》2020年4月上。

因此，无论是报刊纸质版，还是新媒体平台，都应在互动的过程中注重对公众话语体系的学习，以鲜活的公众话语丰富、发展自身的话语体系。这不仅仅是借用几个词汇或表达方式那么简单，更重要的是，可以借此改变过去以传者为中心的理念，真正地做到用户优先，在服务用户的过程中引领用户。

# 第四章　发力运营：提高用户忠诚度，扩大存量与增量

从“受众”到“用户”，再到“粉丝”，不同称谓反映了不同时期公众与媒体关系的变化。在信息短缺时代，公众更多的是被动的信息接收者，“受众”意味着媒体占据了信息发布的主动权；在信息传播渠道多元、信息海量的环境下，公众有了更多的选择权与话语权，“用户”一词表明其“信息消费者和平台使用者”的身份；而在新媒体账号不断涌现，公众的注意力稀缺的当下，如何吸引公众的持续关注与使用，与公众建立亲密关系，使他们成为某一平台或账号的忠实“粉丝”，就成为一个值得关注的话题。在这样的背景下，媒体的运营越来越受到重视。

对于纸媒来说，影响公众的主要方式已经由纸质版变成了在微博、微信、抖音、快手等平台上开设的新媒体账号，但同样面临着与其他账号的竞争。通过新媒体运营保持用户存量、扩大用户增量，不断提高影响力和号召力，也是提升话语主导权的一个现实选择。

## 第一节　以内容运营满足用户需求

内容生产与内容运营，是相互联系又有区别的一对概念。内容生产更多指向内容的采集、制作，主要体现为将策划方案或新闻线索转化为新闻作品的过程；内容运营更侧重于对新闻作品的加工、推广，使其更好地适应不同平台、不同账号的特性，赢得更多的用户。当然，从实践来看，内容生产与内容运营并非截然分开，有些机构是一人身兼二职，既负责生产又负责运营；有些机构虽然设置成两个岗位，但在某些重大选题的策划、采制环节，鉴于对特定用户

的深入了解，内容运营岗位工作者也会参与其中，提出自己的建议，以使内容生产更好地满足用户的需求与口味。

对于很多机构媒体而言，“一次采集，多次分发”的中央厨房模式在当前几乎成为标配，使采编力量得到更有效率的整合与调配，在压低信息采集成本的同时为旗下各媒体平台提供了强大的内容资源。但同时也带来了新的问题：尽管采制者已经很努力地在提供文字、音频、视频等多种形式的多媒体或全媒体新闻产品，但鉴于用户需求的多样性与差异化以及不同平台的特性和账号的不同定位，采制者提供的作品并不能满足一个媒体集团内部所有平台、所有账号的需求。即便某一作品符合某一账号及其目标用户的需求，往往也不是拿来就用，而是对其进行必要的二度加工，使其可以更好地体现该账号的调性。换言之，对于信息采集者来说是“成品”的新闻产品，对于不同平台的编辑来说只是“半成品”，只有按照不同平台的运作规律和不同账号的“调性”进行必要的改造，才能予以发布，否则就会形成同一信息在不同平台以同一形式发布的局面。很明显，同一形式的产品并不能满足所有平台的特殊需求，因而会造成某些平台上发布的内容波澜不惊、无人问津的局面，形成无效发布。内容运营的职责之一，就是避免这种局面，对已经成型的新闻产品进行适配化改造，使其更好地适应平台、账号的特性，吸引用户的关注。

从实践来看，一些爆款产品的出现也正是得益于内容运营者的改造。比如，作为国家通讯社——新华社，其依托国内外 200 多个分支机构，以 15 个语种、日均 8000 条的发稿量，为全球 8000 家用户提供新闻信息。[①] 背靠这样的资源，其微信公众号所能获取的内容不可谓不强大。但是面对这些高质量的原创内容，新华社微信公众号却并非只是简单地转发，而是充分地考虑作品话语形态是否与微信用户的接受习惯相匹配的问题，对重头稿件进行改造。新华社微信公众号的编辑陈子夏认为，这种改造与包装，不是简单地换个格式编排，也不只是在稿件中插几张配图，而是“需要在通透解析原稿内涵、充分揣摩受众口味后，再给出全新的表达”。她以 2017 年火爆全网的《刚刚，沙特王储被废了》为例进行了分析。

① 参见微信公众号“新华社”《习近平总书记贺信在新华社干部职工中引起热烈反响》，https://mp.weixin.qq.com/s/laQbJq3Rku—uEaryJ5M0kQ，访问日期：2021 年 12 月 9 日。

图 4-1 新华社微信公众号《刚刚，沙特王储被废了》截图

陈子夏提出：与书面感强的“快讯”相比，“刚刚”的口语化让人眼前一亮，就好像一个朋友在与你分享最新鲜的“八卦”；“被废”的表达方式，使标题直白又充满戏剧性，如同热播剧里扣人心弦的情节。① 基于这样的考量，严肃的“新华体”变成了活泼的“刚刚体”，使传统的新闻播报带有了一丝“人际传播”的色彩，容易让人联想到当时频繁成为热点的“宫斗剧”而引发“吃瓜”

① 参见陈子夏《新华社微信公众号背后的年轻人》，《中国记者》2019 年第 6 期。

的热情。稿件阅读量在 10 分钟内突破了 10 万，发布仅 36 个小时便收获了 800 万点击量，转发量近 50 万。微信粉丝第一天增长 46 万，3 天保守估计有 70 万左右的增粉量。① 这条稿件开创了微信推文的“刚刚体”，新华社微信公众号在此后发布重要消息时，凡是在标题中使用“刚刚”二字的，都收获了很高的阅读量，很多公众号在发布消息时往往也在标题中冠以“刚刚”二字，以吸引用户的关注。试想，如果没有内容运营这一环节，只是中规中矩地把新华社快讯稿的原文照发，与我国政治、经济体制均不同的遥远的异国发生的王储变更，很难吸引普通公众的关注，自然也很难成为现象级爆款产品。

做好内容运营，需要注意这样几个问题。

## 一、深刻理解平台

移动互联网技术的演进不断催生出新的信息发布平台，若想从既有平台的激烈竞争中抢占市场空间，新平台一定要有新的特质，比如更好的阅、听、视体验，更便利的信息发布方式，甚或全新的互动渠道等。这些特质给用户带来了新鲜感，也构筑了竞争优势，形成了不可替代的核心竞争力。对于很多构建起“全媒体矩阵”的纸媒来说，只有深入理解不同平台的特性，才能明确不同平台内容运营的手段，推出适配的新闻产品。

以常见的“两微”为例：

与微信相比，微博更像是基于“弱关系”建立起来的“信息广场”，用户之间关联并不紧密甚至素不相识。当相互陌生的人们在广场上搜寻信息时，很大可能是通过浏览简短的信息公告确定是否对这一内容感兴趣，继而决定是否完整地观看这一内容。微博正文 140 个字符的限制使它能够在最短的时间内传递有效信息，或是以简洁的内容提要配合原文链接，或是言简意赅地陈述事实、表达观点，或是以文、图（视频）配合的方式吸引关注，让人在一瞥之间了解关键信息，做出是否继续阅读的决定。另一个吸引用户的途径则是信息的“人气”，人气越高，越容易吸引更多用户的关注。对于大部分公众来说，在信息广场中搜寻自己感兴趣的话题无疑需要付出极大的时间成本，因而除了浏览已关注账号的信息之外，更常见的操作是“看新闻上热搜”，从热搜榜中了解当前的

---

① 赵新乐：《新华社缔造现象级传播 爆款“刚刚体”带来这些启示》，https://mp.weixin.qq.com/s/E9GBFruVyBHSOxgCtzaLWQ，访问日期：2021 年 6 月 14 日。

热门话题，获取大千世界林林总总的话题中关注度高的事件。当然，进入热搜榜的信息并非都有极大的价值和意义，也并非对每个人都有意义，但是它毕竟开启了快速了解世相百态的窗口，节约了搜寻的时间。更何况，也确实有很多重大事件的线索是由微博热搜开启的，“微博网友报料——点燃公众关注热情——形成舆论热点——媒体跟进报道”已成常态。

由此，如何在微博平台上以简洁的语言传递信息、提高信息的热度，是需要重点考量的问题，在发文中“带话题”、配图片（特别是有视觉冲击力或能引发深入思考的图片）是普遍操作。以 2019 年《人民日报》官方微博对“视觉中国”不合规收费事件的两篇评论稿为例（详见下图）：

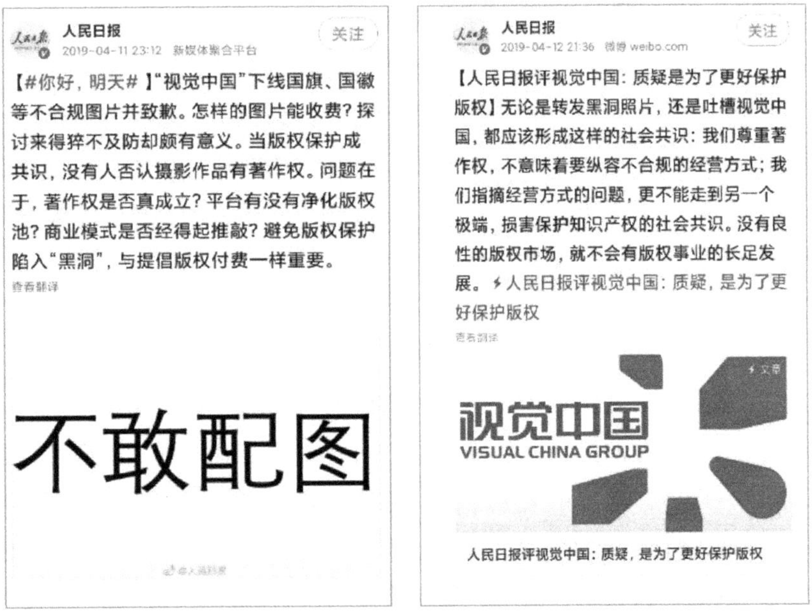


图 4-2 《人民日报》官方微博对“视觉中国”事件的评论截图

为新闻资讯类博文配发图片以增强现场感和冲击力，在媒体官方微博的操作中已是常态，对于新闻评论特别是针对某一话题展开分析的评论稿来说，往往没有现场图片，或者即使有也被此前时效性更强的资讯类稿件用过，很难起到吸引公众关注的作用。因而在 4 月 11 日的评论中，《人民日报》官微采用了一个独特的创意：文字下面不配任何图片，以白底黑字的方式突出“不敢配图”

四个字，大量留白的设计又进一步增强了其视觉吸引力，同时又与评论的主题“视觉中国不合理收取图片使用费”相呼应，令人不禁莞尔。在文字表述上，秉承“你好，明天”一贯的言简意赅、清新明快的风格，以 3 个问句引发用户的思考，又旗帜鲜明地表现自身的态度，在短小的篇幅中传递出深意。但是很明显，对于这个问题，仅仅有一小篇评论是很难把道理讲清楚的，因此，在以这篇评论明确地表明立场、抢占舆论高点之后，《人民日报》官微在第二天又以一篇长文对此做全面分析，反映在博文中，则是对评论的观点做摘要式编发并加入文章链接，并以“视觉中国”的图标与文章配合，让人一眼便知评论的对象。这种安排既考虑图片吸引阅读的功能，又考虑用户的需求，对这个话题感兴趣的用户可以自行点击链接阅读全文，不感兴趣的也可以在一瞥之间感知评论的中心论点。

由于标题和正文同时呈现，一目了然，在纸媒、网站和微信公众号中颇受重视的标题制作在微博中反而不必大费周章。同时，由于没有推送次数的限制，加之简短便利，微博成为突发事件等对信息时效要求严格的信息推送首选平台，也因此成为舆论场的前沿，第一时间在微博上推送消息，力争首发效应，也是掌握舆论引领主动权的关键。

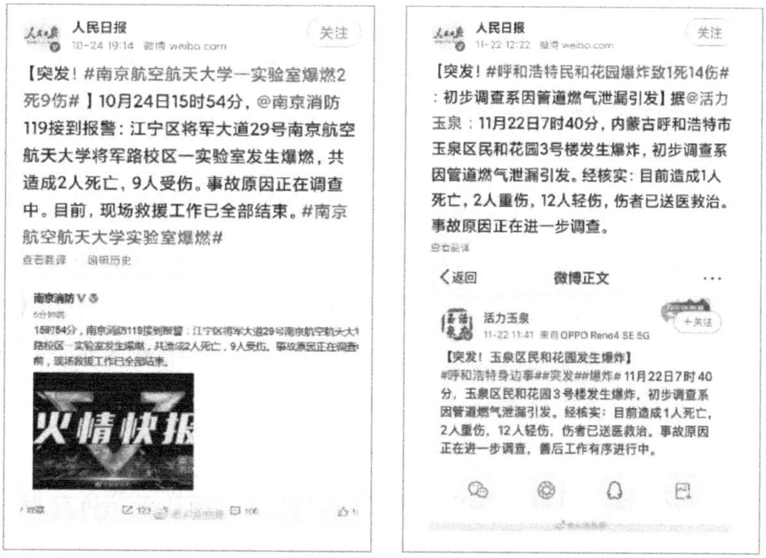


图 4-3　《人民日报》官方微博对突发事件的报道截图

上图中的两条微博，均为对突发事件的报道，在权威机构官方微博发布确切消息后，《人民日报》官微迅速带话题转发。确切的消息来源，保证了信息的准确性；迅速转发，保证了信息的及时、公开；带话题，则使得在微博中搜寻这一事件的公众有更多的机会看到权威媒体发布的消息。特别是在灾难事件中，这种操作使得来自一线的准确信息能够在短时间内被更大范围内的公众了解到，避免了不必要的猜想和流言。

与微博相比，微信以“强关系”为主，用户之间基于生活、工作、学习等方面的需要而联系频繁，大多有明确的个体指向。这种情况下的信息交流更像半公开的广场或客厅中的交流，用户之间或是现实生活中就经常接触的家人、朋友、同事，或是基于某一共同兴趣、需求而聚集在一起的“熟悉的陌生人”(订阅同一公众号的用户多属于此类，虽然有一些在微信中原本就是“朋友”关系，但更多用户之间素不相识，只是基于某方面的信息需求而聚集在一起，成为某个微信公众号的“粉丝”)。这种强关系虽然会给个人用户的朋友圈信息发布带来某种压力，但却使得公众号不必花费过多的精力去考虑如何吸引新的订阅（当然并不是说这不重要)，可以相对从容地考虑如何用更好的表现形式、更好的内容去满足已有用户的期待。由于大多数微信公众号每天的推送次数有限且推送时间相对固定，因此其并非发布突发事件的首选平台，但这也留下了一段信息搜集、梳理、加工的时间，使其更多地成为关注事件的第二、第三落点，更强调内容的深度或独特视角，唤起用户对于某一问题更多的思考，使用户能够以一种相对冷静、全面的态度审视热点事件。虽然在实践中不乏微信公众号用煽动情绪的方式蹭热点、追流量的案例，但这绝非长久之计。

这种特性使得“带话题”之类的操作对微信公众号来说没有太大意义，完整、清晰地梳理事实，跳出常见的视角去观察和分析问题，提供必要的背景材料或被忽视的细节，适度地引发情感共鸣……这样的操作更有助于提升文章的高度与深度，帮助公众更好地认识和评判事物，从而拉升文章的人气，迎来更多的转发，进而获得更大的阅读量和更多的粉丝。

从实践来看，除了开办较早的公众号获得了一天多次推送的红利之外，相当多的公众号一天只能推送两三次甚至只能推送一次，这使得微信公众号在时效性上略逊于微博，自然也对推文的质量提出了更高的要求。只有经过精心打磨的文章才有可能获得更多的点击量，只有持续的高质量输出才能牢牢吸引用户。基于此，一些纸媒旗下的二级微信账号中更常见的操作不是以数量取胜，而是专注于一两篇重点稿件，以独家的原创内容吸引用户。出于节约用户时间的考虑，一些微信公众号即使拥有每天两三次的推送权限，也只推送一次，甚至一天只推送一篇文章（如《人民日报》（海外版）旗下的“侠客岛”）。这自然对文章的选题、写作提出了更高的要求，但也正是这种精耕细作，使得一些微信公众号在新媒体环境下信息的狂轰滥炸中成为一股清流，吸引了一大批忠实粉丝。

由此可见，能否理解平台的特性，并顺势而为，借助平台的特性将信息的优势最大化地呈现出来，是内容运营者首先要考虑的问题，不然，同一媒体矩阵中不同平台、不同账号的信息发布很容易面目模糊、个性不足，甚至严重同质化。

**二、深刻理解用户**

在内容运营过程中，以何种方式对新闻作品进行改造、改造到何种程度，核心在于理解用户。在移动互联的大环境中，公众在信息需求品类、接受信息时的心理状态、接收渠道等诸多方面与传统媒体时代相比都有了巨大的甚至颠覆性的变化，这不仅导致用户细分程度的不断提升，也带来了媒体与公众关系的变化。《人民日报》（海外版）“侠客岛”微信公众号内容总监申孟哲认为，新媒体不仅是媒介形式的线性迭代，更是一种社会结构、权力结构的变化，以往媒体、公共部门、公众人物在社会生活中所拥有的绝对话语权，如今正在被“稀释”。这种深刻的变革使得用户的选择权占据了主导地位，“所有的内容运营者，本质上都是在竞争用户的注意力和时间。这是技术赋予社会的能力和权力，也给内容运营者提出了更高要求，那就是必须知道用户需要什么、想看什么、关心什么，并且提供相应的产品”①。

不管是信息短缺时代还是信息丰盈时代，不管是把公众当读者、受众还是用户，从媒体发展历程来看，凡是注重公众需求的媒体，都迎来了丰富的市场回报。在媒体掌握信息发布主导权的 20 世纪八九十年代，《广州日报》为满足公众对于信息的需要，于 1987 年 1 月 1 日由 4 版扩为 8 版，成为第一家扩版的

① 参见申孟哲《“内容为王”的变与不变》，《新闻战线》2018 年 10 月上。

地方党报。这次扩版增加了报纸容量，扩大了报道面，同时改进了报道方式。此后的1992年1月1日，《广州日报》扩为12版，1993年1月1日扩为16版，1997年、1998年保持在40版左右，开启了中国内地报业的厚报时代。在当时信息短缺的情况下，扩版使《广州日报》成为“信息总汇”，能够以更多的报道满足公众多方面的信息需求。版面的增加也使《广州日报》的功能不断延伸，在发挥权威性、公信力的同时，还能大量提供与读者生活工作紧密相关的实用信息，如求职广场（发布求职、招聘信息）、过节完全手册（发布春节、国庆节等国家法定节假日期间的吃、购、游等休闲娱乐类信息）等。这些举措使《广州日报》的信息发布丰富多元，贴近性大大增强，发行量长期占据地市级党报首位。

进入新世纪以来，互联网影响力日盛，信息短缺局面被打破，媒体、公众开始了双向寻找。在这种情况下，精准地细分市场，满足目标群体的信息需求，就成为纸媒赢得市场的关键。为此，《南方日报》于2001年专门组织调研小组，经过8个月的调查，确定了《南方日报》的基本读者是各级领导者、决策者，是各层面的管理者、投资者、经营者和研究者，是公务员、商人和专业人士，影响他们，就可以通过他们影响整个社会，提高报纸的社会影响力和核心竞争力。① 依据这一判断，《南方日报》提出“高度决定影响力”的口号，“决心办一张靠报道的深度、思想的高度独立于市场的全新党报”。② 在这一办报理念指引下，《南方日报》连续进行了多次改版，“从过去简单的资讯提供者转变为‘资讯管家、时事顾问、意见领袖’的智慧型资讯提供者”，实现了预定的覆盖高端读者的目标，在读者群中形成“重大事件看《南方日报》、政策解读看《南方日报》、权威报道看《南方日报》”的阅读习惯，并取得了良好的市场回报。2004年，《南方日报》日均发行量比2003年增长5万份，2005年又增长4.5万份，2006年再次增长2.9%，发行量居全国省级党报首位。其广告实收额年均增长11%，2005年达到1.27亿元，创造了历史最高水平。③

---

① 南方日报编辑部：《不断改革创新　成就新型党报》，《新闻战线》2008年第3期。

② 杨兴锋：《高度决定影响力》，南方日报出版社2004年版，第1—2页。

③ 参见杨兴锋《连续改版确保优势 赢得市场确保阵地》，《人民共和国党报论坛2006年卷》，中国传媒大学出版社2007年版，第37—38页。

当然，随着社会的不断发展变化，目标用户的需求也在不断变化，需要媒体及时跟进。《南方日报》不断改版的过程也体现了这一点，编辑部曾对此进行了总结①：

2002年8月6日第一次改版：明确市场定位，以全新的思路抓主流新闻，打造华南地区权威主流政经媒体，提出“高度决定影响力”的办报理念，实行差异化竞争战略；

2003年8月6日第二次改版：增加投资证券、IT通信、汽车、健康、成才及旅游六大专业周刊，进一步强化政经媒体的特色，培育有效的目标市场；

2003年12月12日第三次改版：实施梯次发展战略，增加珠三角新闻板块，强调做必读的民生新闻，努力使报纸在广州、深圳、佛山、东莞等珠三角城市进一步落地扎根；

2005年5月30日第四次改版：用“有高度的贴近”进一步梳理整合资源，通过“高度＋本土＋整合”的思路，提升信息加工的档次，使《南方日报》从过去简单的资讯提供者转变为“资讯管家、时事顾问、意见领袖”式的资讯提供者；

2006年3月28日第五次改版：加强时政报道和经济报道，强化政经主流大报特色；加强各类专刊的服务性和贴近性；加强评论的力度，把时评扩大到每天半个版；加大对广州、深圳、佛山、东莞等发达城市本地新闻的报道力度，贴近中心城市的目标读者；

2007年10月26日第六次改版：加强时评和言论；开辟“深度”版，加强深度报道；设立“政务”版，加强时政报道；新增“网视”版，加强与网络互动；启用680瘦报型，与国际接轨；成立新媒体发展部，开办数字报和南方日报网；成立市场部，加强市场策划和推广。

不难发现，《南方日报》在新世纪初的这一系列改版动作，就是要在传媒市场变化的大背景下增强信息发布的针对性和有效性，努力满足公众的信息需求，寻找到自己的核心受众。为强化报道的吸引力，《南方日报》在传统的“编前会”基础上增加了“采前会”，参加会议的除了编委会成员和各部门主任外，还有来自发行和广告部门的人士，希望借助他们对受众和广告商的谙熟，在重大

① 参见南方日报编辑部《不断改革创新　成就新型党报》，《新闻战线》2008年第3期。

报道策划中提出建设性意见。

诚然，无论是《广州日报》的扩版，还是《南方日报》的改版，大多数媒体在这一时期还没有开展实质性的内容运营活动，对公众的重视更多地体现在内容生产环节：提供更丰富、更有针对性的信息以满足公众的需求。但这些做法也为当前的内容运营提供了可借鉴的思路：根据目标用户的信息需求对现有的新闻作品进行包装、整合，才能获得用户的关注。

即便是一些已经刊发过的作品，如果能够满足用户的某些需求，也完全可以通过内容运营获得新生。2021 年 11 月 15 日，微信公众号“冰点周刊”推出一篇文章《小果庄当初发生疫情是怎么对待动物的》，介绍了 2021 年初河北省石家庄市藁城区发生新冠疫情、村民紧急转移隔离期间，当地如何处置养殖户留下的畜禽及猫、狗等 3 万多只动物的情况。

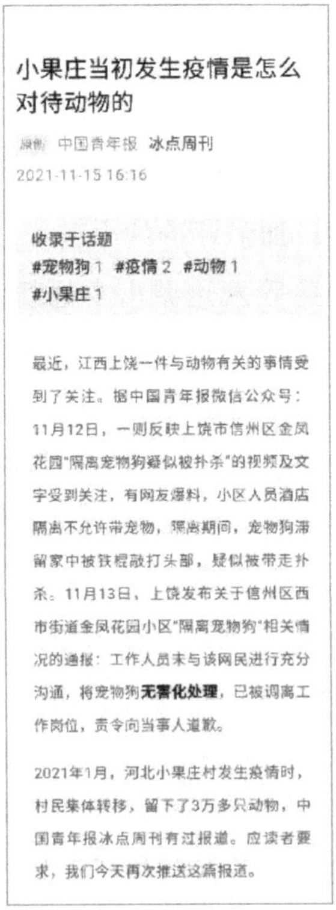

小果庄当初发生疫情是怎么对待动物的

中国青年报 冰点周刊

2021-11-15 16:16

收录于话题

#宠物狗 1 #疫情 2 #动物 1

#小果庄 1

最近，江西上饶一件与动物有关的事情受到了关注。据中国青年报微信公众号：11月12日，一则反映上饶市信州区金凤花园“隔离宠物狗疑似被扑杀”的视频及文字受到关注，有网友爆料，小区人员酒店隔离不允许带宠物，隔离期间，宠物狗滞留家中被铁棍敲打头部，疑似被带走扑杀。11月13日，上饶发布关于信州区西市街道金凤花园小区“隔离宠物狗”相关情况的通报：工作人员未与该网民进行充分沟通，将宠物狗**无害化处理**，已被调离工作岗位，责令向当事人道歉。

2021年1月，河北小果庄村发生疫情时，村民集体转移，留下了3万多只动物，中国青年报冰点周刊有过报道。应读者要求，我们今天再次推送这篇报道。

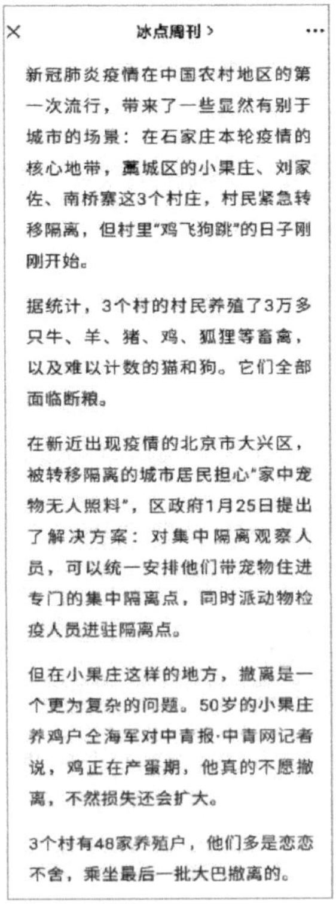

冰点周刊 >

新冠肺炎疫情在中国农村地区的第一次流行，带来了一些显然有别于城市的场景：在石家庄本轮疫情的核心地带，藁城区的小果庄、刘家佐、南桥寨这3个村庄，村民紧急转移隔离，但村里“鸡飞狗跳”的日子刚刚开始。

据统计，3个村的村民养殖了3万多只牛、羊、猪、鸡、狐狸等畜禽，以及难以计数的猫和狗。它们全部面临断粮。

在新近出现疫情的北京市大兴区，被转移隔离的城市居民担心“家中宠物无人照料”，区政府1月25日提出了解决方案：对集中隔离观察人员，可以统一安排他们带宠物住进专门的集中隔离点，同时派动物检疫人员进驻隔离点。

但在小果庄这样的地方，撤离是一个更为复杂的问题。50岁的小果庄养鸡户仝海军对中青报·中青网记者说，鸡正在产蛋期，他真的不愿撤离，不然损失还会扩大。

3个村有48家养殖户，他们多是恋恋不舍，乘坐最后一批大巴撤离的。

图 4-4 《小果庄当初发生疫情是怎么对待动物的》推文截图

该文发表于 2021 年 1 月 27 日《中国青年报》第六版《冰点周刊》，原标题为《小果庄人撤了，动物呢》，报道了在村民转移隔离的情况下，藁城区动物卫生监督所的工作人员充当临时饲养员，照顾村民留下的猪、牛、羊、鸡等养殖畜禽以及家养的猫、狗等动物的情况。当时公众重点关注的是藁城区新冠疫情的最新进展及防控情况，这篇稿件却敏锐地捕捉到了热点事件发生地一个看似不起眼却能够温暖人心的善举。时隔近 10 个月，藁城区的疫情早已好转，村民逐渐恢复了正常生活，这篇稿件的时效性已失，却迎来了一个对照组：江西省上饶市信州区一居民在去酒店隔离期间，留在家中的宠物狗被防疫人员用铁棍敲打头部后带走扑杀。同是发生了新冠疫情，同是主人被隔离，动物们的不同遭遇令人唏嘘，更引发了诸多思考，并且该话题还一度冲上了微博热搜榜。在针对这一事件的讨论中，有网友提到了这篇报道，《冰点周刊》公众号借此机会重新推送该文。虽是旧文，但是由于为公众思考当前热点事件提供了参考，拓展了公众的视野，收获了 5 万多的阅读量。

这种操作绝非个案，微信公众号“南方周末”的 Web 开发工程师罗杨将《南方周末》手机端和网络端的稿件按阅读数实时排序后发现，排名前 100 位的稿件中有十几篇是旧稿，其中大多数是用户自行搜索出来之后通过用户自主转发实现了阅读数的暴涨。《南方周末》公众号由此提出，“只要有某个新闻点将以前的稿件激活，旧稿就能重新焕发生命力”，并在内容运营中主动采取旧稿新发的策略。比如在张国荣去世 15 周年之时，《南方周末》将此前的相关报道重新整合后推出的《张国荣：我就是不一样的烟火》，获得了 70 万的阅读量。微信公众号编辑李佳凝认为，《南方周末》创刊 30 多年，能用的东西太多了，稿件库给了微信运营非常重要的内容支撑。① 由用户自行搜索转发，到公众号编辑主动整合旧稿后发布，这背后的动因无疑是要想办法满足公众在特定情境下的心理状态和信息需求，暗合当前热点的高质量稿件也因此重新走进公众视野，甚至帮助用户从广度和深度上对当前的热点事件有更深入的理解和评判。

旧稿新发只是内容运营的手段之一，更常见的还是对报道时下新鲜事的新闻作品的运营，但是无论哪种作品，在内容运营的过程中都要考虑核心用户的

---

① 参见田香凝《〈南方周末〉的变与不变》，载岳淼、叶铁桥主编《转合：移动互联网时代媒体访谈录》，人民邮电出版社 2017 年版，第 21—23 页。

信息需求特点，在理解用户的基础上进行相关操作。人民日报社新媒体中心社交媒体运营室主编徐丹认为，理解用户是一个整体框架，不仅是要以用户感兴趣的形式去进行外在的表达，“更是指要懂得、理解用户的行为与习惯、兴趣与情感、立场与诉求，以此作为内在的出发点融入内容的生产与发布”。[①] 当然这并不是要一味地迎合用户，而是要依据现有新闻作品的情况考虑其与用户需求的匹配度和适配度，并在运营过程中尽可能对其作进一步提升，使其能更好地吸引用户的关注。

## 三、增强“产品”意识、强化“产品思维”

新闻报道、新闻评论、新闻漫画等在习惯上大多被称为“新闻作品”，虽然在生产过程中也会考虑公众的信息需求和心理状态，但在传统媒体占据信息发布主动权且信息短缺的时代，作者考虑更多的是“作品”是否符合“创作者”的需要，能否满足媒体及主管部门的要求。在移动互联网时代，公众面对的是众多的信息发布平台和随时随地汹涌而来的海量信息，选择哪个平台、哪家媒体的主动权到了公众手中，无论是机构媒体还是自媒体，能否吸引足够多的注意力成为获得更好发展的关键。为此，一些媒体提出要把新闻“作品”变为“产品”，增强“产品”意识、强化“产品思维”，以增强对公众的吸引力。

产品思维，即针对用户的某方面需求，用具体形态的产品来满足对应需求的一种思维模式。其目标是以产品的某种特性（如新颖性、实用性、便利性等）满足用户不断变化的需求，提升用户的使用体验。[②] 任何一个面向市场的产品，在其研发之时一定会针对用户的需求来进行相关设计，以便在推出之后赢得一定的市场份额；而当市场上出现竞品之时，就更需要根据用户需求不断升级，以便在激烈的竞争中获得更好的生存空间。这一原理自然也适用于凭借技术进步而不断推出新样态产品的传媒行业。美国西北大学的里奇·高登教授认为，对于新闻业而言，产品思维是最好的甚至是唯一能够长期吸引用户、维持可持

---

① 徐丹：《从“懂我”到“有我”——移动融合时代人民日报法人微博的再创新》，《新闻战线》2019年7月上。

② 参见微信公众号“传媒茶话会”《记者也得做产品经理？新闻业为何需要产品思维？》，https://mp. weixin. qq. com/s/g－PjL73OKe5aN－RVpe16FA，访问日期：2021年9月4日。

续发展的思维方式。①

从某种意义上说，作品更强调体现创作者的意志，产品则把用户放在更重要的位置；作品更多的是从创作者的角度出发，产品更多的是从用户的角度出发。作为内容运营者，要站在目标用户的立场思考问题，对新闻作品进行相应的改造，比如删除用户已经了解的相关信息，集中展现用户欲知的信息；增加相关背景材料，帮助用户更完整地认识新闻事件；转换表达方式，采取用户喜闻乐见的方式使其更好地理解重要信息，等等。还需要注意的是，虽然新闻报道不像艺术作品那样可以鲜明地体现创作者的主观意图，但在新闻现场的强烈冲击、采访对象富有感染力的语言表达或汹涌的网络舆情之下，有些作者会通过细节的选取、用语的感情色彩等有意地在报道中注入自己的倾向，甚至会在采访和写作（制作）过程中预设立场。这样的报道往往难以完整地呈现新闻事件，也存在误导或过分迎合公众的可能。作为内容运营者，要努力控制报道中可能存在的偏见或偏差，最大限度地使事实得以完整、清晰的呈现，使用户能够据此做出准确的判断。

人民日报社新媒体中心主任丁伟在接受采访时提出，在媒介转型的过程中，采编人员要“从报纸的平面思维转向新媒体、全媒体的立体思维，从先想文章立意到想呈现方式”②。这也是产品思维的一个必然要求。当用户已经全面拥抱新媒体时，纸媒从平面思维转向立体思维就成为赢得用户的第一步，先想文章立意是典型的以我为主的创作者心态，现在思维转为关注呈现方式，则是要考虑如何吸引用户。在公众需求成为中心的媒介市场中，只有持续提供优质新闻“产品”的媒体才有可能迎来发展空间。

从传统赢利方式上看，大多数纸媒赢利的主要商业模式是借助高发行量换取高额的广告收入，在新媒体兴起后，一些自媒体或向全媒体转型的传统媒体赢利的主要方式仍然是广告，只不过从原来的以高发行量吸引广告转为以高点击率、高阅读量来吸引广告。即使一些自媒体大号的头条广告刊例达到几十万

① 参见微信公众号“传媒茶话会”《记者也得做产品经理？新闻业为何需要产品思维？》，https：//mp. weixin. qq. com/s/g—PjL73OKe5aN—RVpe16FA，访问日期：2020 年 9 月 4 日。

② 刘晨阳：《第一党报的社交媒体征途》，岳淼、叶铁桥主编《转合：移动互联网时代媒体访谈录》，人民邮电出版社 2017 年版，第 11 页。

元，但其赢利模式却和传统媒体区别不大，仍然是以用户数量来吸引广告投放。因此有人认为，这种以流量换广告的新媒体，“其实是披着新媒体外衣的传统媒体”①。从另外一个角度来说，为了获得流量，某些新媒体推出的产品一味迎合公众，甚至不惜捏造事实或煽动情绪，扰乱媒介市场的正常发展。

对于传统媒体来说，这样的操作自是不可取的，摆脱对流量、广告的过分依赖，探寻新的赢利方式，也成为媒介转型中一个迫切需要解决的问题。从更早遭遇报业危机的西方国家的实践来看，一些纸媒已经开始了通过提供高质量的新闻产品获得收益的尝试。比如《纽约时报》坚持“订阅优先”，认为与流量相比，留住愿意为新闻付费的忠实用户更重要。“我们对订户的关注使我们迥异于其他媒体组织。我们并不试图最大化点击率并以此出售低利润的广告。我们不在意赢取浏览量的军备竞赛。我们认为，更合理的商业策略是提供强大的新闻，让全球数百万人愿意为此付费。”② 为了达成这一目标，就要高度关注订户的信息需求，需要记者、编辑、内容运营者从产品思维入手进行内容生产和分发，提供优质新闻产品，从而增强老订户的续订意愿、增加新订户。胡泳教授认为，《纽约时报》的做法显示了一些报纸思路的转变：成功的在线商业模式取决于少部分高度忠诚的读者，而不是大量的点击率。据他了解，《纽约时报》2017 年线上收益达 7.09 亿美元，2018 年总订阅用户为 430 万，其中线上用户 340 万。2019 年，报纸纸质版和数字产品的订阅总量达到 525 万人，有 4.2 亿美元的营收直接来自订户。③ 从通过吸引大规模的读者来吸引广告商投放广告，到直接把读者转换为付费的订户，新闻报道的“产品”属性进一步凸显。

从我国媒体的实践来看，2017 年 10 月 16 日，财新网宣布全平台自 11 月 6 日起启动全面收费模式，推出了四种相关产品，分别是整合财新网和《财新周刊》全线最强新闻产品的“财新通”、多平台无障碍阅读《财新周刊》全部版权

---

① 王继周、陈刚：《深度报道的时代遭遇与自媒体转场——微信公号“光谷客”和“孙旭阳”访谈》，《新闻记者》2017 年第 4 期。

② 胡泳：《彻底改造〈纽约时报〉——纸媒未死，创新为魂》，微信公众号“德外 5 号”，https://mp.weixin.qq.com/s/ASs_R6NqJrLWHgJu2gOAxw，访问日期：2021 年 5 月 21 日。

③ 参见胡泳《彻底改造〈纽约时报〉——纸媒未死，创新为魂》，微信公众号“德外 5 号”，https://mp.weixin.qq.com/s/ASs_R6NqJrLWHgJu2gOAxw，访问日期：2021 年 5 月 21 日。

内容的“周刊通”、涵盖“周刊通”和“财新通”全部权益的“数据通”、涵盖财新网英文平台 Caixin Global 全部版权内容并享有“周刊通”“财新通”所有权益的“英文通”。[①] 国际期刊联盟（FIPP）《2020 Q3 全球数字订阅报告》的数据显示，截至 2020 年上半年，《财新》付费订阅用户突破 51 万，名列全球第 10 位。[②] 媒体人王志安对此发表了自己的看法：国内大量的报道之所以免费都没人看，是内容本身不值得付费，而不是付费本身这种模式有问题。媒体人张丰认为，付费订阅对内容生产提出了更高的要求：提供的内容，在何种意义上是稀缺的、有价值的、值得购买的？[③] 这说明，只有生产出高质量、有深度、无可替代的新闻产品，才值得用户去购买，媒体才会有收费的底气。

这种不以流量换取广告收入，而是以优质的新闻产品换取订阅费的思路，在某种意义上也是培养忠实用户的过程。因某个爆款作品而迎来粉丝量剧增，却因后续作品乏力而导致粉丝取关的剧情，在传媒界时时上演。这也提示媒体从业者，一时的流量增长并不足喜，涨粉之后能否从中筛选出忠实用户并持续吸引他们的关注更为重要，也是媒体摆脱对广告的过分依赖、找到新的商业模式的关键。做到这一点，需要记者、编辑、运营人员等聚焦于新闻生产的品质，为用户提供更好的阅听体验和产品服务，使用户认可媒体的产品、愿意为优质内容付费。很明显，只有摒弃对市场、用户的傲慢与偏见，深入理解用户的信息需求，打造适销对路的新闻产品，才能在竞争激烈的媒介市场中获得可持续发展。

当然，对于一些传统媒体来说，能否顺利完成转型、实现融合发展是现阶段最迫切的问题，短时间内可能还无力顾及内容付费等问题。如果在用户规模小、忠诚度不高的情况下贸然推出付费阅读，恐怕会劝退相当一部分用户，使自身的生存陷入困境。不过即使不能立刻推出付费制度，从占领市场、吸引公

---

① 参见财新网运营部《此财新正是彼财新：我们将怎么做?》，https://www.caixin.com/2017-10-16/101156952.html，访问日期：2020 年 6 月 13 日。

② 参见微信公众号“传媒见闻”《〈财新〉付费阅读用户全球第十，媒体圈怎么看?》，https://mp.weixin.qq.com/s/4AUJtcP7LN3un6NU7p9K7w，访问日期：2021 年 6 月 13 日。

③ 参见微信公众号“传媒见闻”《〈财新〉付费阅读用户全球第十，媒体圈怎么看?》，https://mp.weixin.qq.com/s/4AUJtcP7LN3un6NU7p9K7w，访问日期：2021 年 6 月 13 日。

众关注的角度来说，产品思维仍然是必需的。在培育忠实用户、扩大市场规模的过程中不断强化产品思维，才能以优质的新闻产品培养用户的阅读偏好进而使用户愿意为好的内容付费，使用户取代广告商，为媒体的发展提供新的动力。

## 第二节　以用户运营凝聚忠实用户

以内容运营满足用户的信息需求，只是媒体吸引用户的第一步，此时媒体与用户之间的关系是相对松散的，用户的注意力随时会被其他媒体所吸引。除了持续提供高质量的新闻产品维系与用户的关系之外，做好用户运营，也是凝聚忠实用户的一个有效手段。

一般来说，用户运营包括拉新、留存、促活 3 个阶段，分别对应着用户数量的增长、用户规模的稳定、用户活跃度与忠诚度的提升这 3 个目标。

### 一、用户拉新

拉新是用户运营的第一步，无论是传统媒体还是新媒体，无论是以流量换取广告收入还是通过付费阅读获得收益，都需要有足够数量的用户。特别是初创阶段，用户是谁，用户在哪儿，如何快速聚拢人气，都是媒体必须要考虑的问题。

在传统媒体时代，一个媒体创办之初，或新设一个专版、专刊、节目之时，往往都会进行市场调查，以判定媒介市场中是否存在同类型的媒体、已存在的媒体的侧重点在哪里、可供开掘的市场空间有多大、预测的受众规模是否足以支撑媒体的运转等问题，并结合受众调查明确锚定的目标群体的特征和核心需求。在当前不断垂直细分的媒介环境中，精准地识别用户，已成为媒体发展的基础，无论是不同的平台还是同一平台中的不同账号，都要努力厘清自己的核心用户，以此来决定内容生产、内容运营的方向和重心，明确自身的发力点。大数据技术的运用也为运营者提供了便利。比如，同为短视频平台，抖音和快手的用户群就有所不同，2020 中国网络视频用户调查直观地展示了这些区别（如图 4-5 所示）：

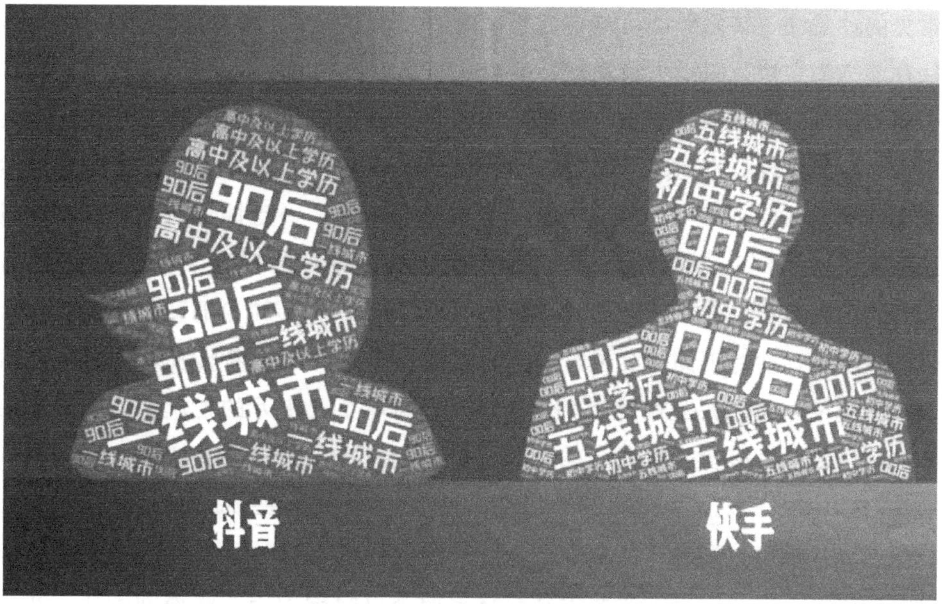


图 4-5　抖音与快手的用户画像

年龄、学历、生活地域甚至性别差异，决定了抖音、快手两个平台的用户在关注点、兴趣点等方面的差异，虽然平台的不同账号仍然会对用户做进一步的细分，也努力想破圈，但不能完全无视平台的不同带来的用户差别。从实践来看，无论是机构媒体还是自媒体，很多账号都会通过后台积累的大量数据进行用户画像，以明确核心用户的需求。快手副总裁余敬中认为，给用户画像有几个维度：第一，体现用户的静态属性，比如性别；第二，体现用户的长期属性，如某些兴趣、爱好，或者职业；第三，体现用户的短期的、瞬间的属性，如下一步在哪儿，用户的行动、做法、意图，等等。① 了解了这些属性，也就更容易理解用户，更能判定用户感兴趣的信息类型，这不仅能有效地指导内容生产和内容运营，也构建了用户运营的基础。

拉新的过程，即目标用户由少到多，由核心用户逐渐向外围拓展的过程。在各显其能的移动互联网时代，拉新也有着不同的方式。比如，前些年微博中

① 参见吴晨光《甩了文字 N 条街，小视频为何成了国民内容?》，微信公众号“一点晨光”，https://mp.weixin.qq.com/s/—UVecROju1p7VjxXNhqHpQ，访问日期：2021 年 2 月 3 日。

常见的“关注＋转发”即可参与抽奖，微信公众号中的“集赞领奖品”等操作，往往能为博主快速吸引大量粉丝，最近几年其威力虽然不及从前，但运用得当，也能取得一定的效果。当然，对于纸媒来说，设置何种奖项既能对公众产生吸引力，又能体现自身的品位，是颇费思量的。我们还应该看到，这种方式虽然能迅速涨粉，但有相当一部分粉丝是为奖品而来的，一旦抽奖结束，可能会很快取关。在深耕垂直领域、越来越强调个性的当下，拉新应该有更多的选择。如通过内容运营打造爆款产品来“圈粉”。如本章第一节讨论的新华社微信公众号的《刚刚，沙特王储被废了》一文，凭借众多用户的不断转发，迅速在微信朋友圈刷屏，通过裂变式传播，为该公众号新增了几十万的粉丝。比如借助某个契机使公众有机会了解自身的高质量报道，以内容吸引人。如第二章第四节所述财新传媒在新冠肺炎期间的表现，由于触及了社会生活中的热点、痛点、冰点问题，推出了高品质的独家报道，并免费开放了“财新”APP 中有关新冠疫情的稿件，因而引发了普通公众对这家原本以财经为主的媒体的关注，并且抢购杂志、购买付费产品“财新通”，不仅实现了用户的增长，也树立了良好的口碑。比如以新颖的创意引发用户的大范围分享，通过“病毒式”传播博取关注。新技术的发展为媒体提供了无尽的可能，新的创意、新的玩法不断出现，也会吸引大量用户。如果创意足够巧、玩法足够妙、体验足够爽快，很多用户还会主动分享到各种群和朋友圈，通过二次传播吸引更多的用户来参与。如建军 90 周年前夕，人民日报社与腾讯合作推出“快看呐！这是我的军装照”，借助腾讯天天 P 图的“人脸融合”图像处理技术，将用户提供的头像合成不同时期的军装照。新奇的用户体验促使很多用户在社交媒体上进行分享，为该产品带来了更多的使用者和传播者，40 个小时内浏览次数累计 4.67 亿①，上线 10 天吸引了 10 亿人次参与，甚至两度造成服务器宕机②。这一创意既巧妙地将爱国强军的主旨寓于奇妙的体验与互动中，又展现了新媒体平台中人民日报社时尚而充满活力的一面，增强了《人民日报》对于追求新奇的年轻人的吸引力。比如围绕核心用户群体做“定向突破”。如前文所述，核心用户直接决定着媒体内容生产和运营的方向，但是在所吸引的用户数量相对较少时，媒体往往只有

---

① 宋云天、陈昌凤：《内容与技术互动中的视觉传播力》，《新闻战线》2019 年 11 月。

② 卢新宁：《主流媒体如何巩固主流地位》，《新闻战线》2018 年 7 月。

两个选择：一是“破圈”，努力吸引目标用户之外的群体关注，将其中的一部分发展为自己的核心用户。很多综合性媒体往往采取这样的做法，通过大量、多次的信息推送与分发满足不同用户的需求；二是向目标用户“挖潜”，想办法吸引目标用户中更多人士的关注，这也是目标用户还未饱和时一个可行的办法。比如《中国青年报》的官方微信公众号“中国青年报”，2015 年 7 月的用户数由此前的 9 万增长到 25 万，这一增幅虽然不小，但相较于公众号的主要用户群体——高校学生来说，市场占有率并不高。为吸引更多目标用户的关注，《中国青年报》发起“2015 寻找全国大学生百强暑期实践团队”活动，300 多所高校推荐了 1100 多支团队报名参加评选。① 为使自己推荐的团队入选“百强”，很多高校号召本校的学生关注《中国青年报》并参与投票，使此前并不关注这一公众号的学生对其有了关注与了解，相当一部分学生留下来成为忠实用户。这次评选活动为《中国青年报》涨粉 60 万，2016 年第二届评选还没结束就涨粉 50 万。② 当然，这样的活动由于有高校团委和学生部门的介入而带有一定的特殊性，但这种操作思路值得借鉴。

从实践来看，拉新的方法当然绝不止上述几种，新的方式也会不断涌现，但在激烈的市场竞争和用户需求不断变化的情形下，用户的流失不可避免，这也决定了拉新不会一蹴而就，需要根据市场变化情况努力探寻新的路径。

## 二、用户留存

对于很多新媒体账号来说，相较于“涨粉”，“留粉”是一件更难的事。新的热点不断涌现，新的账号不断推出，新的技术不断得到应用……这些都使得用户有着更多更新的选择。因某个爆款产品出现带来粉丝数量狂飙，却在几天或几周之后发现用户数量快速回落，这种现象并非罕见。如何保持自身的吸引力，留下这些用户进而使其成为忠实用户，是在拉新之后必须要考虑的问题。

从内容生产和内容运营的角度来说，高质量内容的稳定输出、良好的用户

---

① 贾宸琰：《“青小年”成长记》，载岳淼、叶铁桥主编《转合：移动互联网时代媒体访谈录》，人民邮电出版社 2017 年版，第 81—82 页。

② 贾宸琰、刘晨阳：《媒体转型，为什么会率先选择微信公众号——对话〈中国青年报〉副总编辑毛浩》，载岳淼、叶铁桥主编《转合：移动互联网时代媒体访谈录》，人民邮电出版社 2017 年版，第 89 页。

体验，是留住用户的关键。对于用户来说，能够满足自身的信息需求或情感需求，是其持续关注某一账号的重要理由，如果偶尔有能让人耳目一新的呈现方式，则会使账号更具吸引力。特别是对于被某个爆款产品吸引而来的用户来说，爆款产品本身是拉升了用户对该账号的心理预期的，一旦后续产品乏力，很容易使用户乘兴而来、败兴而归。基于此，如何保证内容生产的高质量，如何针对特定用户群体提供具有吸引力的新闻产品，进而获得用户在心理和价值观层面的高度认同，就成为能否留住用户的关键。只有切实解决用户的需求，保持良好的用户体验，才能真正留住用户。

此外，在新媒体提供的海量信息中，帮助用户在最短的时间内匹配到自己感兴趣的内容，以方便快捷的方式提供新闻产品，提升信息获取的效率和便利度，在某种程度上也影响着用户留存。纸媒的微博、微信、抖音、快手等新媒体账号，由于体量相对较小，需要重点考虑内容生产的有效性、针对性问题，而客户端由于体量较大，则需要重点考虑信息推送中的个性化问题，在这种情况下就可以借助算法推荐和编辑的判断，实现信息推送的“千人千面”，在海量信息中为不同的用户匹配到自身感兴趣的信息。如《人民日报》新闻客户端设置了28个新闻频道，包括推荐、锐评、财经、体育、军事等，还有31个地方频道，用户可根据自身兴趣添加频道生成个人首页。打开新闻客户端，“推荐”位于栏目设置的第一个，且是固定栏目之一。在推荐频道中还设置了置顶新闻，置顶新闻并不是完全基于算法推荐，而是算法推荐与新闻重要性相结合，既满足了用户的兴趣，又保证了重要信息的及时抵达。可以说，算法推荐技术帮助《人民日报》新闻客户端实现了从“千人一面”到“千人千面”的转变，满足了用户的个性化需求。

在“互联网+”的大背景下，媒体不仅可以是信息发布的平台，也可以用互联网思维为用户提供多种增值服务，提升自身的吸引力。

一些媒体的客户端强调集聚功能，打造“新闻+政务+服务”的平台，努力为用户提供多样化的服务。如《广州日报》新闻客户端开设办事、问政窗口，用户可通过客户端进行公积金查询、身份证办理预约、出入境咨询、纳税缴费等十多种业务。为提供便民服务，很多省市的行政主管部门开发了各自的客户端，公众下载这些客户端即可办理相关业务。但对于个体来说，为办理某一业务而去下载的某个客户端，其使用率并不高，有些甚至一年只使用一两次。如此，在下载三五个使用率不高的客户端和下载一个聚合型的媒体客户端中间，公众会做出何种选择显而易见。如果这个客户端的新闻服务又能很好地契合用户的信息需求，自然会留住这些用户。

### 三、用户“促活”

用户数量庞大，自然是一件好事，但需要注意的是，某些媒体的用户总量虽多，但活跃用户数量并不多，甚至有一些是虽然关注着某媒体账号却并不点击该账号中任何一条消息的“僵尸粉”。在这种情况下，媒体需要做的，就是刺激用户，使其保持活跃度，在此基础上寻求其与媒体的积极互动，并由此尝试将其发展为付费用户的可能性。

要想做到这一点，要求媒体能及时回应用户关切，与用户展开有效互动。对于微博、微信、抖音等新媒体账号来说，将信息推送出去之后，编辑或运营者的工作并没有完结，精选留言、与用户在评论区进行互动，也是不可忽视的环节。在这一过程中，媒体可以看到核心用户信息需求的侧重点，提供更有针对性的信息服务；可以在与用户的互动中发现新的选题方向，或者在用户的只言片语中获取写作灵感；可以打造账号的“人设”，使账号由一个有距离感的“官方媒体的记者”变成一个具体可感的“人”，拉近与用户的距离，增强用户黏性。一些脑洞清奇的回复在新华社微信公众号的留言区并不罕见，面对“一个官方媒体号，这么放飞自我真的好吗?”的质疑，新华社微信公众号编辑陈子夏指出，对网友的留言做出及时、机智的反应，是我们在平时工作交流中形成的习惯。她解释说：相关领导不仅没有制止，反而鼓励我们在保证安全的前提下多选留言、多做互动，“哪怕网友留言很尖锐，哪怕你们回复很‘皮’，都没问题，新华社公众号最大的一个特色就是互动。”①这种新颖的互动，成功地打破了公众对官方通讯社的刻板印象，成为该公众号吸引用户的一个利器。对于很多用户来说，在推文之后积极留言，猜测账号运营者如何回复，成为观看作品之后的一个新期待。

引导用户参与内容生产，也是用户促活的一个有效手段。用户参与内容生产的 UGC 模式已经成为很多媒体的日常操作，在保持内容生产真实性的基础

① 陈子夏：《新华社微信公众号背后的年轻人》，《中国记者》2019 年第 6 期。

上，这种模式也可以成为纸媒保持用户活跃度的重要手段。《人民日报》新闻客户端开设“人民号”，引导优秀自媒体账号入驻，打开用户生产内容的渠道，也获取了更多的优质信息，供用户选择。除了借助 UGC 模式这一方式提供独立的新闻作品，一些用户在留言区的留言也在相当程度上提升了作品的信息含量。“新闻夜航”负责人史国立指出，该公众号一直把用户留言看作内容的重要组成部分。推送之后，值班编辑的第一件事就是精选留言，留言多则精细化选择，留言少则“正确的废话”也要选。① 这种操作既使公众号运营者直观了解了目标用户的关注点，也使用户感受到运营者对用户的重视，在互动中增强了用户黏性。

澎湃新闻互动新闻中心总监张凌认为，平台化已经使用户和用户之间，用户和平台之间交流更便利。很多时候评论比新闻更精彩，一些不能在文章里表达的观点，可以借助评论区的互动对文章进行补充。② 从这个意义来看，对于新媒体平台的作品来说，留言区已经成为作品的一个重要组成部分，不同的观点、意见可以碰撞、交流，新的事实、材料可以互相印证，用户既可以从中获取更多元的信息做出自己的判断，也可以从中寻找自己认同的立场，强化归属感、参与感、认同感。

用户促活的最高层次，是以产品思维提升用户的忠诚度，将用户数量上的优势转变为经济效益。传统意义上的纸媒是新闻服务的免费提供者，但随着市场竞争的加剧，传统的依靠广告收入来维持运转的经营模式面临越来越大的挑战。建立产品思维，满足用户更高层次的信息需求，最终将用户数量优势转变为经济效益，也是纸媒促活用户的一个努力方向。艾媒咨询 2020 年发布的数据显示，2017 年以来，中国知识付费行业市场规模快速扩大，2020 年达 392 亿元，当时预计到 2021 年将达到 675 亿元。③ 新闻报道虽然与知识付费有一些差

---

① 参见夏之南《一个能给公众号涨粉的评论区，是怎样炼成的》，微信公众号“新榜”，https://mp. weixin. qq. com/s/jpDFM087vgXBGOKGeNOcjA，访问日期：2020 年 12 月 23 日。

② 参见微信公众号“腾讯媒体研究院”《澎湃新闻张凌：“内容+运营”双驱动下的澎湃新闻》，https://mp. weixin. qq. com/s/0G7NvQlFfUxam5QNVeGe0g，访问日期：2021 年 5 月 5 日。

③ 艾媒咨询：《2020 年中国知识付费行业发展专题研究报告》，https://www. iimedia. cn/c400/76060. html，访问日期：2021 年 7 月 3 日。

异，一些事关公共利益的报道不应该因收费而影响其传播面，但蓬勃发展的知识付费毕竟为媒体实现产品变现提供了基础。当然，新闻产品全部收费并不现实，但至少可以在某些有市场号召力的子账号中做一些不同的尝试，逐渐积累经验。

## 第三节 以活动运营扩大影响力

通过运营不同性质的活动来提升品牌效应、扩大自身的影响力，在市场经济环境下已成常态，公众对此已司空见惯。对于媒体来说，良好的活动运营不仅可以为自己赢得更多用户，也可以借助长期积累的种种资源获得一定的经济收益，为今后的发展奠定必要的经济基础。特别是在媒介融合发展的过程中，很多纸媒都打造了“中央厨房”，所需的种种硬件、软件都需要大规模资金投入。在财政补贴有限、广告收入下滑的大背景下，纸媒需要寻找新的收入来源，以消除媒介融合的后顾之忧。

按照组织活动营销的两种模式，我们将纸媒活动运营的模式分为借力模式和主动模式。

### 一、借力模式

借力模式是指某一组织将组织议题向社会热点话题靠拢，使公众从对热点话题的关注转向对组织议题的关注。对于媒体来说，社会热点话题与媒体议题有着高度重合性，因此转变过程被大大缩短，效果也更加明显。议程设置理论认为媒体往往不能决定人们对某一事件或意见的具体看法，但可以通过提供信息和安排相关的议题来有效地左右人们关注哪些事实和意见及他们谈论的先后顺序。因此，议题的选择成为媒体进行活动运营的关键。

对纸媒来说，针对两会展开的专题报道活动是提升品牌知名度和影响力的重要一环，每年都会有不同的媒体凭借两会报道活动成功“出圈”。2021 年是中国共产党成立 100 周年、“十四五”规划开局之年，也是全面建设社会主义现代化国家新征程的起步之年，其重要性不言而喻。这一年的两会报道中纸媒也推出了一批优秀的产品。《人民日报》发布的《超震撼！两分钟看中国 GDP 攀升曲线》视频作品获赞 28.8 万，转发量 4.2 万，微博话题阅读量达 1.3 亿。此外由于新冠疫情限制聚集和流动，在线服务得到了进一步拓展。“云连线”让云采访、云报道更有面对面的对话感，实现了虚拟与现实的融合，提高了生产和传播效率。《人民日报》客户端开通了两会专栏，多次进行了直播和5G云连线，包括开幕仪式、第一次部长通道、首场委员通道、新闻发布会等，直播播放量均达到“100万+”，后几场直播播放量也在“50万+”。《人民日报》推出“智能创作机器人”，集“5G智能采访+AI辅助创作+新闻追踪”功能于一身。这些报道依托新技术，生产要素高度集中，极大节约了生产成本，提高了生产效率。

借力模式的活动运营关键在于发挥纸媒自身的注意力优势，借船出海，适应新媒体时代的变化，实现事半功倍的效果。

## 二、主动模式

主动模式是指组织主动设置一些结合自身发展需要的议题，通过传播，使之成为公众所关注的公共热点。在这一模式驱动下的媒体活动历史已久。媒体的活动营销按照不同的分类标准，有不同类型的活动。从策划目的来说，可以分为传播型、营销型和混合型三大类。

其一，传播型活动策划。这种活动以品牌宣传为主、盈利销售为辅，主要表现为公益活动、文化活动等。对于媒体来说，好的传播型活动可以提高知名度，吸引更多的用户群体，扩大影响力。

比如，2022年《河南日报》发行服务部联合“学习强国”河南学习平台编辑部、《河南日报》产经新闻部等共同发起《河南日报》邀你“读党报”征集活动，面向机关、企业、高校、中小学等征集“读党报”音频产品，公众可选择2022年1月1日以来《河南日报》要闻版、理论版、评论版等版面上的文章为朗读对象，制作成音频提供给报社。报社每个季度评选出“读党报”优秀音频产品，还将遴选出100名“党报（红色）朗读者”，到社区、学校、机关、企业等开展线下优秀作品朗诵会。同时开展《河南日报》邀你“评党报”和《河南日报》邀你来“报料”活动，通过《河南日报》官方微博、微信等平台，与用户进行互动。①

---

① 参见张红梅、郭北晨《〈河南日报〉邀你“读党报”》，《河南日报》，2022年4月14日。

图 4-6 《河南日报》邀你“读党报”征集活动相关版面截图

“读党报”“评党报”“报料”3 个活动直接面向公众，并且以《河南日报》全媒体平台上的报道为关注点，对于加强报社与公众的联系、提升新闻作品的关注度、塑造党报的形象，起到了积极的作用。

此外，公益活动也是传播型活动策划的一个常见类型。以《杭州日报》的“拯救民勤”活动为例：甘肃省民勤县是中国北方地区沙尘暴四大策源地之一，2010 年“4・24”特强沙尘暴袭击甘肃，这场波及至杭州的沙尘暴让很多杭州市民关注到民勤县的困境。《杭州日报》从 2011 年启动了“拯救民勤，绿色传递”公益活动，截至 2021 年已连续开展十一季，累积募集资金超过 700 万元，在民勤县种植梭梭达 1 万亩。① 这一活动既有效改善了当地的生态环境，也使得《杭

① 参见黄颖《新闻媒体的公益价值追求——以〈杭州日报〉“拯救民勤，绿色传递”公益活动为例》，《传媒》2021 年第 15 期。

州日报》在公众心目中建立起良好的形象。此类公益活动既充分体现了新闻媒体的社会责任，充分发挥新闻媒体的公信力推动实际问题的解决，也有效提升了报社的品牌知名度和影响力，以社会效益带动经济效益，从而进一步提升了报社的经营效果。

其二，营销型活动策划。这种策划以盈利销售为主、品牌宣传为辅。2020年，中共中央办公厅、国务院办公厅印发的《关于加快推进媒体深度融合发展的意见》指出，要探索建立“新闻＋政务服务商务”的运营模式。从实践来看，“＋商务”的表现形式之一，就是通过营销型活动获得一定的利润，并以此反哺媒体的内容生产，进一步强化“新闻”。

比如，四川日报报业集团以“智慧经营”为核心，充分发挥长期深耕党政商学领域的优势，以活动策划执行和川观智库服务为重点，为客户提供高品质策划、高水平办会，连续两年非发行经营收入持续增长。2021 年，四川日报报业集团报纸广告收入、新媒体广告收入、活动项目（含智库）收入占比实现 5∶3∶2。① 仅以集团旗下的四川封面传媒有限责任公司而言，每年一度的 C21 论坛、年度经济影响力人物评选、AI＋媒体大会、C＋移动媒体大会等都成为千万级营收的项目。此外，还联合四川文化传播公司等文旅企业，探索“展览＋活动＋文创＋IP 运营”的商业模式。策划执行的“首届中国大熊猫国际文化周”，主办的“好雨时节——见证改革开放四川四十年”展览，也取得了较好的效益。②

营销型活动不仅能带来经济效益，也能通过活动的品牌影响力带动传媒品牌的提升。如深圳报业集团参与承办的中国（深圳）国际文化产业博览交易会，是中国唯一一个国家级、国际化、综合性的文化产业博览交易会，以博览和交易为核心，被誉为“中国文化产业第一展”，已成功举办 17 届，连续 11 年吸引 31 个省区市及港澳台地区参展。第 17 届文博会共展出文化产品超过 10 万件，近 4000 个文化产业投融资项目在现场进行展示与交易，主会场、分会场、各相

---

① 郭全中：《守正创新 谋发展强监管》，中国新闻出版广电网，http://data.chinaxwcb.com/epaper2021/epaper/d7632/d8b/202112/121935.html，访问日期：2021 年 11 月 2 日。

② 参见《影响＋资本＋产业：封面传媒“三环联动”的盈利模式（四川日报报业集团）》，一点资讯，http://www.yidianzixun.com/article/0NKOAtYZ，访问日期：2022 年 9 月 30 日。

关活动点总参与人次 205.04 万。① 如此规模的会展活动，对于深圳报业集团的品牌建设也会起到积极的推动作用。

其三，混合型活动策划。这种活动既兼顾传播纸媒品牌的活动，也通过活动赞助等获得企业的资金支持，如行业诚信品牌评选活动、中国十大经济年度人物评选活动、直播带货活动等。2020 年，一些媒体通过抖音、微信视频号等开始进军直播带货领域。《银川日报》和银川市广播电视台合并成立的银川市新闻传媒集团从 2020 年 4 月开始连续举办了“花开兴庆别样红公益助农”“2020 宁夏首届云端车展”“云端房展”三场直播带货活动，有效带动了当地花卉和汽车行业的销售；吉林日报社为拓宽扶贫新渠道，与吉林省驻村第一书记协会联合，于 2020 年推出的“兴农帮帮老乡”彩练帮你办助农公益活动，使得当地积压滞销农产品成功进入市场销售渠道。

总体来看，好的活动不仅能为纸媒增加经济收益，而且通过活动进行自我营销，有利于树立品牌，提升社会影响力，助力形成纸媒的核心竞争力。但在这一过程中，需要注意的是纸媒在注重经济效益提升的同时，不能忽视社会效益，要把握好二者之间的平衡。毕竟，“新闻＋政务服务商务”的初衷，是借助媒体的各项资源取得良好的市场回报，更好地推动媒体深度融合发展。

① 《第十七届文博会昨日落幕，线上线下齐突破》，腾讯网，https://new.qq.com/rain/a/20210928A05BFW00，访问日期：2021 年 12 月 20 日。

# 结　语

2021年11月18日，中共中央宣传部召开2022年度党报党刊发行工作视频会议。会议指出：党报党刊是治国理政的重要资源和重要手段，是党的意识形态工作的主阵地，是党的百年奋斗历程的同行者、见证者和书写者。党报党刊要赓续红色血脉、弘扬优良传统、始终忠诚使命，进一步在记录时代、服务大局中发挥中流砥柱作用。① 这对党报的功能、定位、职责等做出了清晰的界定，也为党报的发展指明了方向。在新的媒介环境下，以党报为代表的纸媒既要继承以往的优良传统，保持内容生产的高水准，又要适应媒介生态的不断变化，努力创新表达方式，拓展传播渠道，增强用户黏性，探寻移动互联网环境下提升传播力和影响力的新途径。

从近几年纸媒的发行情况来看，相当一部分党报的平均期印数和总印数保持增长态势，但客观来说，其中公费订阅占比不小，自费订阅的比例不高。从近些年党报的改版情况来看，很多党报纸质版都定位为面向“高端主流人群”的大报，试图通过影响管理者、决策者来影响更多的普通公众。这当然是一个可行的思路，但需要注意的是，高端受众的数量毕竟不多，纸质版能有百万以上的发行量已属难得，对于一个拥有14亿人口的大国来说，以几百万份发行量去影响数以亿计的普通公众，难度颇大。同时，这种影响虽然较为稳定、持久，但由于是借助管理者、决策者的影响力来完成，往往需要一定时间才能体现出来。在瞬息万变的舆论场，这种间接影响很大概率会跟在舆论后面跑，很难起到即时的引领作用。

由此，如何快速、直接地参与舆论场的讨论，吸引更多公众的关注与认同，

---

① 《2022年度党报党刊发行工作视频会议在京召开》，《人民日报》2021年11月19日。

就成为纸媒面临的实际问题。2021 年 12 月，国家新闻出版署发布的《2020 年新闻出版产业分析报告》显示，2020 年，全国报刊出版总印数分别降低 9.0%和 7.0%，实现营业收入分别降低 6.4%和 2.8%，降幅较上一年均有所加大。① 这说明，从总体上来看，公众对报刊纸质版的阅读兴趣在下降。与此同时，随着智能手机的普及和移动互联网技术的发展，我国网民的总体规模持续增长。中国互联网络信息中心（CNNIC）于 2022 年 2 月 25 日发布的第 49 次《中国互联网络发展状况统计报告》显示，截至 2021 年 12 月，我国互联网普及率达 73.0%，网民规模达 10.32 亿，网民使用手机上网的比例达 99.7%，网民人均每周上网时长达到 28.5 个小时。该报告同时指出，当前我国城乡上网差距继续缩小，农村网民规模已达 2.84 亿，农村地区互联网普及率为 57.6%；老年群体加速融入网络社会，60 岁及以上老年网民规模达 1.19 亿，互联网普及率达 43.2%。② 10.32 亿的网民平均每天 4 小时的上网时间，还有不断增长的用户数量，互联网的魅力可见一斑。

“人在哪儿，宣传思想工作的重点就在哪儿，网络空间已经成为人们生产生活的新空间，那就也应该成为我们党凝聚共识的新空间。”③ 作为党的宣传思想工作的一个重要平台，纸媒应遵循总书记的这个论断，积极投身互联网，通过移动传播平台传播资讯、同网民展开实时的交流与对话，借助移动互联网扩大自身的影响力，努力在新的媒介环境中提升话语主导权，在舆论引导、思想引领方面更好地发挥作用。从实践来看，很多纸媒都在探索从传统媒体向媒体融合发展的转型路径，在拓宽传播渠道、提升传播实效上下功夫。

当然，转型之路并不简单，移动互联网技术的发展为媒体提供了新的玩法，培养了新的用户，建构了新的媒介生态。纸媒只有努力适应这些变化才能站稳脚跟，只有积极谋划才能赢得更好的发展。时任上海报业集团党委书记、社长的裘新在上海报业集团“推动媒体融合向纵深发展”动员大会暨 2019 年度工作

---

① 国家新闻出版署：《2020 年新闻出版产业分析报告》，国家新闻出版署网站，https://www.nppa.gov.cn/nppa/upload/files/2021/12/910c52660b947756.pdf，访问日期：2022 年 4 月 3 日。

② 参见中国互联网络信息中心《第 49 次中国互联网络发展情况统计报告》，http://www.cnnic.net.cn/hlwfzyj/hlwxzbg/hlwtjbg/202202/t20220225_71727.htm，访问日期：2022 年 4 月 3 日。

③ 习近平：《习近平谈治国理政》（第三卷），外文出版社 2020 年版，第 318 页。

会议上提出，“要善于将正能量的内容，通过大流量平台的传播，以碎片化的方式深入人心，才能牢牢掌握舆论场主动权和主导权”。为达此目的，“必须着力围绕新技术应用、新产品研发、新运营开拓等方面，完成从‘一支队伍’到‘三支队伍’的裂变式成长，依靠内容生产、技术创新、运营开拓‘三支队伍’共同打天下”。① 对于纸媒来说，高素质的专业采编队伍和多年形成的采编传统为做好内容生产奠定了基础，但同时也面临着转换表达方式、革新话语形态等挑战。在技术、运营人才的储备和培养上，纸媒普遍存在短板，在一定程度上影响了信息发布的丰富性、多元化和到达率。为解决这个问题，既要注重人才的引进与培养，又要考虑借助市场的力量，与成熟的企业展开形式多样的合作，以互联互通的互联网思维盘活各种资源，使自身的产品进入公众的视野、赢得公众的好评、触发裂变式传播。从实践来看，很多纸媒推出的爆款新闻产品，也正是得益于这一点。

“要实现主流声音牢牢占领互联网舆论场，‘破圈’传播是必由之路。只有更好地‘破圈’传播，主流媒体的优质正能量内容才可能真正导入大流量，我们才能在影响传统主流受众的同时，不断吸引更多固有圈层之外的新粉丝，实现传播效果最大化，让主流声音为更多的受众喜闻乐见，走进越来越多人的心里。”② 河北日报报业集团党委副书记、总编辑王洪峰的这一观点表明，在移动互联网时代，纸媒抢占舆论场的话语主导权，关键在于传播范围的扩大化和传播效果的最大化。要实现在用户中的“破圈”，关键在于纸媒从业者敢于打破旧的报道框架和惯性思维，真正地直面市场，正视面临的挑战，敏锐地发现机遇，在激烈的市场竞争中以多种形式、多个渠道传播高质量的信息，发出高认同度的声音，实现社会效益与经济效益的双赢。从纸媒近几年的发展来看，在新媒体场中阅读量“10万+”的作品比比皆是，甚至在一些纸媒的新媒体作品中成为常态，没有达到这个阅读量的反而少见。这直观地表明，纸媒的努力正在赢得回报。

---

① 裘新：《未来已来，相信未来——创造上海报业改革新传奇》，《传媒》2019年第4期。

② 王洪峰：《河北日报报业集团：让主流声音更好实现“破圈”传播》，《传媒》2022年第8期。